D1702389

Sigrid Neubert

Die Tempel von Malta

Sigrid Neubert

DIE TEMPEL VON MALTA

Das Mysterium der Megalithbauten

Text von Sibylle von Reden

Gustav Lübbe Verlag

INHALT

Mġarr, der älteste Tempel des Archipels.
4. Jahrtausend v. Chr.

TAUSEND JAHRE VOR DEN PYRAMIDEN

Nahe der unsichtbaren Grenze, die von der Südspitze Siziliens bis zur nordafrikanischen Küste das östliche vom westlichen Mittelmeerbecken trennt, steigen zwei nackte goldfarbene Inseln aus der funkelnden Weite der See: Malta, ein langgestreckter ovaler Steinaltar, und Gozo, eine steil aufragende Felskrone. Ihre älteste Geschichte gehört zu den faszinierendsten Problemen der prähistorischen Forschung im mediterranen Bereich. Es ist ungeklärt, ob sie vor über fünftausend Jahren ein Bindeglied zwischen den beiden großen Lebensräumen darstellten, die für die Entwicklung der europäischen Zivilisation entscheidend wurden, oder eine hermetische geheimnisschwere Welt, die ganz im Bann eines religiösen Erlebens stand, das tief in einer frühen Bewußtseinsschicht der Menschheit wurzelte. Gewiß ist nur, daß der kleine Archipel aus Korallenkalk, zu dem auch drei größere Felsriffe gehören, im vierten und dritten Jahrtausend v. Chr. Schauplatz einer unvergleichbaren Sakralkultur wurde. Ihre Hinterlassenschaft sind die großartigen Ruinen der ältesten steinernen Tempel der Welt, deren Architektur ohne Vorbilder war und ohne Nachfolge blieb. Die Wiederentdeckung dieser mysteriösen Sanktuarien begann im neunzehnten Jahrhundert, systematische Ausgrabungen wurden erst im zwanzigsten unternommen. Es stellte sich heraus, daß mindestens dreißig Heiligtümer aus Megalithen im Lauf von mehr als tausend Jahren auf den Inseln errichtet wurden, darunter einige von gigantischem Ausmaß. Und im Felsgrund von Malta fand sich ein Totenlabyrinth mit Kulträumen nach dem Vorbild der oberirdischen, das bis in eine Tiefe von zehn Metern hinabreichte, wahrscheinlich nicht das einzige des Archipels.

Die Oberfläche von Malta und Gozo beträgt insgesamt 314 Quadratkilometer. Bodenschätze und ständige Wasserläufe fehlen, nur Quellen sind reichlich vorhanden. Sicher gab es vorzeiten Wald und eine stärkere Erdschicht. Seit mehr als drei Jahrtausenden aber ist Stein das dominierende Element auf der Insel; harter perlgrauer Korallenkalk und der weichere goldfarbene Globigerinen-Kalk, den die Brandung an den Küsten von Gozo zu phantastischen abstrakten Skulpturen geschliffen hat. In der Epoche der Tempel wird die Zahl der Bevölkerung auf etwa zehntausend geschätzt. Von ihren Siedlungen wurden bisher verblüffend wenige Spuren freigelegt, nur Reste ärmlicher Hütten, Keramikscherben und sehr einfaches Gerät, die zudem aus der Periode vor der Entfaltung der glänzenden Tempelkultur stammen. Es scheint fast, als hätten Geisterhände die mächtigen vielräumigen Heiligtümer konstruiert und mit rätselhaften Kultobjekten, reliefverzierten Altären, Feuerbecken und riesigen Gefäßen aus Stein, Statuen, Statuetten und bemalten Wänden ausgestattet und geschmückt. Angesichts der primitiven Werkzeuge für die Steinbearbeitung und der urtümlichen Transport- und Hebevorrichtungen, die für die Bewegung der bis zu fünfzig Tonnen schweren Blöcke und Platten gebraucht wurden, ist der technische und künstlerische Hochstand der Tempelbauten fast unbegreiflich, die lange vor den ersten Pyramiden von einem kleinen und armen Inselvolk geschaffen wurden. Ihre Zahl wie ihre Dimensionen entsprechen in keiner Weise den Umständen, unter denen sie errichtet wurden. Welche Ursachen, Impulse und Kräfte hinter diesen Leistungen standen, bleibt trotz aller Fortschritte der prähistorischen Forschung auf dem Archipel noch weitgehend ungeklärt. Der Gedanke an »Heilige Inseln« mit berühmten Sanktuarien wie Samothrake in der Nordägäis, deren Tempel einer Großen Göttin Axeiros und später den Kabiren geweiht war, an Delos oder auch an Delphi mit seinem weltweit konsultierten Orakel drängt sich unwillkürlich auf. War Malta mit seinen hervorragenden natürlichen Häfen seit dem vierten Jahrtausend v. Chr. eine lebenswichtige Station und zugleich Wallfahrtsort für die ersten Seefahrer, welche die abenteuerliche Fahrt nach dem fernen Westen wagten? Erwarteten sie von den Inselgottheiten besonderen Schutz auf der weiten Reise? Konnte man sie auch nach dem Ausgang des gefährlichen Unternehmens fragen? Verborgene Einrichtungen in drei der großen Tempel deuten auf Orakel.

Außenverbindungen sind vorläufig nur mit Sizilien, Lipari und Pantelleria nachweisbar. Von Sizilien, dessen Südostspitze nur 80 km von Malta entfernt ist, erschienen die ersten Siedler gegen Ende des sechsten Jahrtausends. Die ältesten Spuren menschlicher Gegenwart fanden sich in Ghar Dalam, einer langgestreckten Höhle an der Marsaxlokk-Bai am Ostrand von Malta. Der deutsche Professor Issels entdeckte dort vor mehr als hundert Jahren eine ungeheure Ansammlung von Tierknochen ausgestorbener Rassen aus der 250 000 Jahre zurückliegenden Zwischeneiszeit, in der eine Landbrücke zwischen Malta und Sizilien bestand. Über diesen Schichten gab es Feuerstellen, Steingerät und Keramik, die der frühneolithischen Stentinello-Ware Siziliens entsprach. Später wurden von der großen Insel fortlaufend roter Ocker und Feuerstein eingeführt. Von Lipari und Pantelleria kam der für Gerät und Waffen hochgeschätzte Obsidian, ein dunkles, scharf splitterndes vulkanisches Glas.

Die wachsende Bevölkerung von Malta und Gozo begann langsam eine eigene Kultur zu entwickeln. In der zweiten Hälfte des fünften Jahrtausends weist einiges auf neuerliche Einwanderung, diesmal vielleicht aus der Ägäis. Mit den Neuankömmlingen könnten auch neue Götter- und Glaubensvorstellungen den Archipel erreicht haben. Welchen Anteil fremder Einfluß an dem unerhörten religiösen Aufschwung hatte, der etwa mit dem vierten Jahrtausend begann und in den Kultbauten sichtbar wird, ist noch immer umstritten. Manche Archäologen minimalisieren ihn und sehen den einsamen Archipel mit seiner rasch wachsenden Zahl megalithischer Heiligtümer in seiner frühen Blüteperiode als eine weitgehend isolierte, in sich ruhende kleine Welt. Es ist sicher vorstellbar, daß seine Bewohner eine fromme Gemeinschaft formten, die ganz auf Einheit mit den kosmischen Mächten, die über Leben und Tod bestimmten, ausgerichtet war und von einer Priesterschaft der Großen Mutter regiert wurde. Zahlreiche Bildnisse beweisen, daß sie die Hauptgottheit in den Inselheiligtümern war. Ihre verstümmelte Kolossalstatue aus Kalkstein im Vorraum des Südtempels von Hal Tarxien war einmal fast drei Meter hoch. Formal steht diese Skulptur noch deutlich in der Tradition der ältesten weiblichen Idole des ostmittelmeerischen Neolithikums, deren ausladende Fülle unerschöpfliche Fruchtbarkeit symbolisierte. Als Magna Mater, deren Schoß alles Leben hervorbrachte und wieder zurücknahm zu neuer Geburt, beherrschte sie das oberirdische und das chthonische Reich. Es scheint, daß sie von Vorderasien bis nach Westeuropa die dominierende Gottheit der frühesten Kulturen war. Ihr zu dienen gab den Gläubigen vielleicht die Gewißheit, in den ewigen Kreislauf von Geburt, Tod und neuem Leben aufgenommen zu werden. Man könnte in den maltesischen Sanktuarien

Kalksteinidol aus Hagar Qim
(48,5 cm hoch)

Stätten eines prähistorischen Mysterienkultes sehen, der, gleich den späteren der Antike, Unsterblichkeit versprach, heilige Orte der Hoffnung und Geborgenheit, für deren Schöpfung keine Anstrengung zu groß war. Enge Zusammenhänge mit dem Totenkult enthüllen unter anderem tiefe Löcher vor den Eingängen und im Inneren der Heiligtümer, die ohne Zweifel Libationen, flüssigen Spenden für die Unteren, dienten.

Welchen Mächten die vielgestaltigen Altäre in den Sanktuarien geweiht waren, was die Tabernakel und monumentalen Nischen enthielten, welche Bedeutung die Türlochplatten vor einigen Räumen – typische Elemente megalithischer Gräber – hatten, bleibt ebenso rätselvoll wie scheinbar geschlechtslose stehende Statuetten mit überquellenden Fleischmassen. Eine ist 40 cm hoch, die meisten sind klein. Verkörperten sie einen Aspekt der tellurischen Gottheit, die alle Schöpfungskräfte in sich einte und daher zugleich männlich und weiblich war? In den frühen Religionen erscheinen die Gottheiten oft als doppelgeschlechtliche Mächte.

Neben der Magna Mater wurde in den maltesischen Tempeln zweifellos ein männliches Prinzip verehrt. Phallische Steinsäulen und Reliefs, die ans Licht kamen, können nur als Sinnbilder eines zeugenden Gottes verstanden werden, des Partners der Großen Göttin, der, anders als diese, nicht in menschlicher Gestalt gezeigt wurde. Keine einzige der Kultfiguren aller Größen, die zutage kamen, wirkt ausgesprochen männlich.

Drei Tonstatuen von etwa 60 cm Höhe, von denen nur eine restauriert werden konnte, stammen aus dem Tempelkomplex von Tarxien. Mit ihrer perückenartigen Haartracht, dem nackten Oberkörper, den unter der Brust verschränkten Armen und einem langen Zottenrock erinnern sie auffallend an altmesopotamische »Beterfiguren«. Sie werden im allgemeinen als Priesterbildnisse interpretiert. Unter den Votivköpfen aus den Heiligtümern trägt keines einen Bart. Ihre meist primitive Ausführung läßt schwer erkennen, ob sie männlich oder weiblich sind. Die Votivfigürchen sind alle weiblich.

Beide Theorien, mit denen man das Phänomen der maltesischen Megalithkultur zu erklären versucht, verfügen über einleuchtende Argumente. Als Beweis einer weitgehenden Isolierung des Archipels wird die kleine Zahl importierter Gegenstände angeführt, die Einzigartigkeit der Kultbauten, Bildwerke und Reliefs, die besondere Keramik. Auch wird behauptet, daß die Route der ältesten Seefahrt durch das Mittelmeer sich ausschließlich längs Küsten und von Insel zu Insel abspielte und über Ost- und Südsizilien führte. Malta sei daher nicht angelaufen worden.

Gegen eine solche Begrenztheit des Seeverkehrs läßt sich die durch Obsidian-Analysen gesicherte Verbindung des Archipels mit Pantelleria anführen, das immerhin 210 km westlich von Malta liegt, und nicht zuletzt die frühe Kolonisierung der westmediterranen Inseln. Nach den neuesten Forschungsergebnissen begann sie bereits mit dem sechsten Jahrtausend v. Chr. Korsika und Sardinien waren verhältnismäßig leicht über Elba vom italienischen Festland aus zu erreichen. Doch die Balearen wurden höchstwahrscheinlich vom Golfe du Lion aus besiedelt, der etwa 400 km entfernt ist. Dies setzt hochseetüchtige Fahrzeuge voraus, die eine Anzahl Menschen, Vieh, Nahrungs- und Wasservorräte transportieren konnten.

Der Mangel an ausländischen Erzeugnissen kann kaum als Beweis für fehlende Verbindungen gelten. Was man auf den kleinen Inseln nötig hatte, war vermutlich vergänglicher Natur. Die Eindeckung der zahlreichen Tempelräume erforderte lange Balken; es ist fraglich, ob es damals noch genug Holz auf dem Archipel gab. Die fremden Seefahrer könnten den Gottheiten in den Tempeln auch Räucherwerk, Opfertiere, Lebensmittel, Textilien dargebracht haben. Es ist bemerkenswert, daß Stierdarstellungen auf einem Relief und auf Keramik aus den Heiligtümern stark an asiatische Buckelrinder erinnern. Hochwertige Tonware erzeugte man selbst, an Luxusgegenständen bestand sichtlich kein Bedarf. Die wenigen importierten Dinge, die zutage kamen, hatten hauptsächlich magische oder religiöse Funktionen. Beilförmige Amulette aus schwärzlichem Hartstein gehörten dazu, die von Vorderasien bis Westeuropa in den neolithischen Kulturen auftauchen, und eine prächtige dunkelgrüne Steinperle von zylindrischer Form mit einem Durchmesser von 1,7 cm. Zeichen, die einem T mit drei Füßen gleichen, wurden darin mit Gold und Edelsteinchen kunstvoll eingelegt. Diese dünnen Goldlinien stellen den einzigen Metallfund aus der Tempelperiode dar! Dasselbe sicherlich heilige Zeichen wurde auf einem Anhänger aus einem durchlochten Meerkiesel und einer Gefäßscherbe entdeckt. Die kostbare Perle kam wohl aus dem Bereich einer östlichen Hochkultur oder aus Ägypten. Anatolische und ägäische Züge werden hingegen in den ältesten Figurinen aus Malta sichtbar. Die Untersuchung von Linsen, Weizen- und Gerstenkörnern aus dem Abfall von Skorba, einer frühen dörflichen Niederlassung, die 1960 freigelegt wurde, zeigte Sorten, die in neolithischen Siedlungen Kleinasiens vorkommen. Unter den Funden fremder Herkunft gibt es aber auch Keramik und Knöpfe mit V-förmiger Durchbohrung, die für Kontakte mit der südfranzösischen Chassey-Kultur des vierten Jahrtausends v. Chr. sprechen. Zwei steinerne Anker schließlich, typische Votivgaben dankbarer Seefahrer nach einer glücklich verlaufenen Reise, sind tastbare Beweise für Schiffsverkehr. Der eine kam im Heiligtum von Mġarr aus der ersten Hälfte des vierten Jahrtausends v. Chr., der andere im Tempelkomplex von Tarxien aus der Endphase der maltesischen Sakralkultur ans Licht.

Die Frage nach der Entstehung der von einem allesumfassenden Glauben erfüllten und getragenen Welt der Urbewohner des Archipels wird vermutlich niemals endgültig beantwortet werden. Rätselvoll wie ihr Beginn bleibt auch ihr Ende. Um die Mitte des dritten Jahrtausends v. Chr. wurden die Inseln plötzlich verlassen. Alles Leben und mit ihm die großartige Tempelkultur erlosch. Nach mehr als tausend Jahren, in denen Malta und Gozo heilige Orte in der Hut kosmischer Gottheiten gewesen waren, verging das Licht, das sie damals ausstrahlten, so jäh wie der Glanz eines sterbenden Sterns. Hatte eine Hungersnot nach langer Dürre die Bevölkerung zur Auswanderung gezwungen; gab es eine Revolte gegen eine übermächtige Priesterschaft, gegen den Zwang, alle Kräfte im Bau immer neuer Heiligtümer zu verschwenden, eine Pestepidemie oder eine feindliche Invasion, gegen die sich die friedlichen Inselbewohner, die nur Schleudern besaßen, nicht wehren konnten? Sicher ist nur, daß der Archipel jahrhundertelang unbewohnt blieb. Erst gegen 2000 v. Chr. erschienen neue Siedler unbekannter Herkunft. Sie brachten Waffen aus Bronze mit und scheibenförmige weibliche Idole mit hohem Kopfputz und wußten nichts mehr von den alten Göttern in den Riesentempeln, die der Seewind mit einem dichten Sandschleier zugedeckt hatte.

Die Grundideen des religiösen Universums, das im vierten und dritten Jahrtausend auf den maltesischen Inseln geschaffen wurde, waren zwar kein Monopol ihrer Bewohner, einmalig aber war die Gestalt, die sie dort erhielten. Nach ihrer Bauart gehörten die Tempel in den großen Kreis der Megalithmonumente, der sich im vierten und dritten Jahrtausend von Vorderasien bis Skandinavien erstreckte und zahllose Gräber, Kultanlagen und Male aus oft riesenhaften Steinen umfaßte. Die west-mediterranen Inseln, Süd- und Mittelfrankreich, die Iberische Halbinsel, die Bretagne, England, Irland und nordische Länder und Inseln waren Zentren dieser »Megalithkulturen«, die nicht auf ein bestimmtes Volk zurückgingen, sondern Zeugnisse weltweit verbreiteter religiöser Vorstellungen waren. Als ihr Kern erscheinen die Verehrung und Erhöhung der Toten, für deren jenseitiges Fortleben unzerstörbare Häuser für den Leichnam in der Form von Fels- oder Großsteingräbern notwendig waren, und der Glaube an eine neue Geburt im Leib der großen Erdmutter.

In den Pyramidentexten des ägyptischen Alten Reiches wurde der Gedanke, daß der Verstorbene im Körper seiner Mutter Nut, der Himmels- und Totengöttin liege, erstmalig aufgeschrieben. Auch in einem Gebet an den Gott Re wird die Hoffnung ausgesprochen, in den Schoß der Göttermutter einzugehen, um dort aufs neue geboren zu werden. Doch war Ägypten, wo sich im dritten Jahrtausend v. Chr. der größte Totenkult der Geschichte entwickelte, nicht der Ausgangsort dieses Glaubens und der megalithischen Bauweise in Zusammenhang mit ihm, wie früher von manchen Forschern angenommen wurde. Im Jahrhundert der Atomphysik bewiesen neue naturwissenschaftliche Methoden der Zeitbestimmung wie die Radiokarbondatierung und die Dendrochronologie im Verein mit anderen überraschend, daß die ersten Megalithgräber wie die maltesischen Kultbauten lange vor den Pyramiden, Totentempeln und Felsgräbern des Niltales entstanden.

»Neige Dich gegen die Erde, Deine Mutter, möge sie Dich retten vor dem Nichts«, heißt es später in der altindischen Rigveda. Im griechischen Mysterienkult von Eleusis mußte der Myste eine Nachbildung des Mutterschoßes berühren, um zu neuem Leben geboren zu werden. Als »Eingehen in den Schoß der Unterirdischen Königin« wird Sterben noch in Grabschriften aus römischer Zeit bezeichnet. Frühstadien dieser Vorstellung, die wahrscheinlich erst durch den Sieg des Christentums in Europa endgültig verdrängt wurde, lassen sich bis in den Beginn des Jungpaläolithikums zurückverfolgen. In den meist fettleibigen Frauenstatuetten aus Mammutelfenbein, Stein und Ton, die damals von Ostrußland bis Frankreich aufkamen, kann man schon den Archetypus der Großen Mutter erkennen. Vulvadarstellungen aus dieser Periode weisen in dieselbe Richtung. Zusammenhänge mit Totenbräuchen, die damals von Vorderasien bis Süd- und Westeuropa entstanden und den Glauben an einen »lebenden Leichnam« und Auferstehungshoffnung verraten, sind ebenfalls deutlich.

Nur eine Lehre, die in allgemein menschlichen Urerlebnissen – der Furcht vor dem Tode, dem Verlangen nach Unsterblichkeit, dem Leid um die Verstorbenen –, wurzelte, konnte später, über alle Unterschiede der Rassen und Umweltbedingungen hinweg, den Bewohnern der Mittelmeerländer ebensoviel bedeuten wie den Siedlern auf Inseln, die fast am Polarkreis lagen, und sie zu den ungeheuren Bauleistungen im Dienst der Abgeschiedenen und der kosmischen Mächte, die über Leben und Tod entschieden, anspornen. Auf welche Weise sich diese Lehre, die Mittel und Wege zur Erringung von Unsterblichkeit wies, verbreitete, bleibt eine offene Frage. Auffällig ist es, daß die ältesten Megalithgräber und Male in Meeresnähe, auf Küsten, Inseln und längs großer Flüsse wie der Rhône errichtet wurden.

Manche Forscher denken an eine unabhängige Entstehung der mit neuen religiösen Ideen verbundenen Megalithkulturen bei verschiedenen Völkern als Folge einer revolutionären Phase ihrer geistigen und sozialen Entwicklung in der Jungsteinzeit. Damals lernte der Mensch, die Natur immer mehr zu beherrschen, seine Kräfte und Fähigkeiten zu erkennen, seiner Existenz durch Seßhaftigkeit, Ackerbau und Viehzucht eine stabile wirtschaftliche Basis zu schaffen. Vielleicht begann in jener dynamischen Epoche eines neuen Selbstbewußtseins seine aktive Auseinandersetzung mit dem Tod, den er nicht mehr als unabwendbares Los hinnehmen wollte, seine Auflehnung gegen das Gesetz der Vergänglichkeit. Mit der Bildung größerer dauerhafter Gemeinschaften und damit auch neuer sozialer Strukturen wurden zudem erstmalig die Vorbedingungen für die kollektiven Anstrengungen geschaffen, ohne die eine Errichtung der Großsteinbauten und Monumente unmöglich erscheint.

Eine solche Auslegung der Genesis der Megalithkulturen, die in einer Reihe von Ländern aber keineswegs überall aufkamen, läßt sich zumindestens in einigen Fällen erwägen, obwohl vieles auf einen gemeinsamen Grundstock von Glaubensvorstellungen deutet. Die überall wiederkehrenden Darstellungen einer weiblichen Totengottheit, die oft nur auf ein Symbol reduziert aber immer erkennbar sind, die merkwürdige Übereinstimmung gewisser Grabformen, ritueller Anlagen und Kultbräuche in Ländern, die für die Verkehrsverhältnisse im Neolithikum unendlich weit voneinander entfernt waren, sind unübersehbar. Fast jede dieser Megalithkulturen entwickelte eigene Formen im Grabbau, den Kultmalen und Anlagen, die von den verfügbaren Steinsorten mitbestimmt wurden. Hinter allen aber stand die Ergriffenheit des Menschen vom Stein als Sinnbild und Garant der Dauer, als Träger numinoser Kräfte, als Baumaterial eines unzerstörbaren Hauses für die Verstorbenen, das zum geweihten Ort wurde, an dem sie weiterlebten und wirkten. Menhire (nach einem bretonischen Wort für »langer Stein«), die in oder bei den Gräbern aufgestellt wurden, konnten für die Gläubigen zum unverweslichen Ersatzleib für die Toten oder zum Sitz ihrer Seele werden. Vom Alten Orient bis zu den westeuropäischen Megalithkulturen wurde die Epiphanie des Göttlichen seit der Urzeit in einem aufgerichteten Stein erfahren, der die anikonische Gestalt der Großen Mutter und auch ihres Partners verkörperte. Noch in der Antike waren die berühmtesten »Bildnisse« der Aphrodite und der kleinasiatischen Kybele nichts anderes als heilige Steine aus vorgeschichtlichen Epochen. In der Kaaba von Mekka wird bis heute ein solcher verehrt.

Die maltesischen Tempel gehörten ganz in diese Erlebniswelt, obwohl sie, zumindestens in ihrer voll ausgebildeten Form, keine Gräber waren. Ihre Anfänge werden allerdings von den britischen Archäologen J. D. Evans und D. H. Trump als oberirdische Nachahmungen der rundlichen Felsgräber gesehen, welche etwas älter waren, und es ist nicht unmöglich, daß die frühesten kleinen Heiligtümer Bestattungen enthielten. Später zeigt die Nachahmung der oberirdischen Kultbauten in der unterirdischen Felsnekropole von Hal Saflieni sehr deutlich die Verbindung zwischen Tempel und Grab. Heute sind die Tempel grandiose Steinskelette unter freiem Himmel, einmal aber sahen sie ganz anders aus. Ihre ovalen Innenstrukturen aus mächtigen Orthostaten, die einen Aufbau aus Quadern trugen, waren überdacht, teilweise sogar mit Kragkuppeln, und steckten wie in einem Grabhügel in einer breiten Umwallung aus Erde und Schutt, die von einer gewaltigen Außenmauer in D-Form zusammengehalten wurde. An der Frontseite bildete diese Einfassung eine leicht konkave Fassade. Auf diese Art entstand ein sichelförmiger Vorhof, der vermutlich auch eine rituelle Funktion hatte. Die Außenansicht der Heiligtümer erinnert überraschend an einige Riesensteingräber in England und Irland, die ebenfalls unter steinumgrenzten Hügeln mit halbrundem Vorhof lagen. Die kleeblattgestaltigen Grundrisse der ältesten maltesischen Tempel, deren hufeisenförmige Räume um einen rechteckigen Innenhof gruppiert waren, haben ebenfalls Parallelen in einigen kolossalen Megalithgräbern auf den Britischen Inseln.

Schattenhafte Verbindungslinien scheinen vom maltesischen Archipel nach Westen wie nach Osten auszugehen, doch gibt es trotz formaler Gemeinsamkeiten, die auf verwandte Kulte und Rituale weisen könnten, tiefgehende ideelle Unterschiede, die der Inselkultur eine Sonderstellung in der Epoche der großen vorgeschichtlichen Totenkulte verleihen. Ihre gigantischen Heiligtümer dienten offensichtlich nicht der Erhöhung und Verehrung verstorbener Menschen, sie waren in Demut den göttlichen Mächten geweiht, von denen alles Heil im Diesseits wie im Jenseits erhofft wurde. Bis jetzt wurden keine Hinweise auf einen ausgeprägten Ahnenkult, eine Heroisierung oder Vergöttlichung der Toten gefunden, die bei den westeuropäischen Megalithkulturen eine entscheidende Rolle spielten. Dort wurden die Riesensteingräber einer führenden Familie, eines Fürsten oder auch eines ganzen Dorfes zum Mittelpunkt des Kultes. Die Opfergaben waren vermutlich vorwiegend für die mächtigen Abgeschiedenen bestimmt, deren Gunst die Fruchtbarkeit der Menschen, Tiere und Äcker förderte, die den Winden geboten und prophetische Träume senden konnten, wenn man bei ihren Gräbern schlief.

Auch die maltesischen Sanktuarien waren Orte, an denen sich die Welt der Lebenden mit jener der Toten und Götter vereinigen konnte, aber keine Behausungen und Monumente für die Verstorbenen. Sie waren nicht mit den Pyramiden zu vergleichen, den Symbolen der unbegrenzten Macht der Pharaonen, die ein ganzes Volk für ihre unzerstörbaren Grabmäler einsetzen konnten, in denen sie als »lebende Götter« ewig wohnen wollten. Inwieweit die ungeheuren Anstrengungen, die ein Bau wie die Cheopspyramide aus der Mitte des dritten Jahrtausends v. Chr. erforderte, freiwillig waren, ist unklar. Vielleicht wurde die Aufrichtung einer Pyramide für den Pharao, der im Diesseits die Geschicke seines Volkes bestimmt hatte und dies im Jenseits als mächtiger Gott in noch höherem Maße tun konnte, als eine Art Gottesdienst betrachtet, dessen Früchte der Allgemeinheit zugute kamen. Die luxuriösen Gräber der Oberschicht des Nilreiches zeigen, daß auch diese auf ein ewiges Leben in Freuden rechnete. Von den Jenseitsvorstellungen der Inselbewohner wissen wir nichts, und auch von einer elitären Gesellschaft ist in ihren Nekropolen nichts zu merken. Die einfachen Bestattungen in den schmucklosen Felsgräbern mit ihren bescheidenen Totenbeigaben verraten keine sozialen Unterschiede.

Die alten Ägypter blicken uns von den bunten Gemälden auf den Wänden ihrer reich ausgestatteten Grabkammern voll Leben an. Wir kennen ihren Alltag und ihre Feste, Hieroglyphentexte berichten von ihrer Geschichte und Religion, nennen ihre und die Namen ihrer Götter. Die Erbauer der maltesischen Megalithtempel aber bleiben stumm und fast anonym für uns. Nur ihre bewunderungswürdigen Werke zeigen sie als ein tief gläubiges hochbegabtes Volk, das zu titanischen Leistungen fähig war und nach einem Leben im Dienst namenloser Gottheiten voll Vertrauen in den Schoß der Großen Erdmutter zurückkehrte. Erst seit kaum mehr als einem Jahrzehnt können wir seine Hinterlassenschaft in der richtigen Perspektive sehen und als einzigartiges Phänomen in der frühesten Geschichte unserer Kultur erkennen. Die wissenschaftliche

Erforschung der maltesischen Prähistorie begann vor rund achtzig Jahren und führte zu vielen aufsehenerregenden Grabungserfolgen, doch auch zu Fehlinterpretationen, die mit einer zu niedrigen Datierung der Tempel und Friedhöfe zusammenhingen. Heute hat eine neue Etappe des langen mühsamen Weges begonnen, der zur Entschlüsselung wenigstens einiger der zahllosen Geheimnisse der Vorgeschichte des Archipels führen soll.

Die Entdeckung und Erforschung der prähistorischen Heiligtümer auf Malta und Gozo

»Der vorsintflutliche Tempel der Riesen« wird die Ġgantija, das Doppelheiligtum aus einem älteren Süd- und einem jüngeren und kleineren Nordtempel auf der Hochfläche von Gozo von L. Mazzara genannt, der 1827 eine Beschreibung in Paris publizierte. In diesem Jahr waren die beiden Monumente auf Wunsch des englischen Gouverneurs Otto Bayer, der sich für Altertümer interessierte, freigelegt worden. Sie hatten Mazzara tief beeindruckt, dem sie als uralte Bauwerke erschienen, deren gewaltige Steinstruktur selbst eine Weltkatastrophe überdauern konnte. Aus seinem mehr poetischen als wissenschaftlichen Bericht spricht Staunen und Ehrfurcht, die er vor diesen Ruinen empfand, welche er als Schöpfung einer versunkenen Menschheit erlebte.

Die Freilegung der Ġgantija war der Auftakt zur Wiederentdeckung der maltesischen Vorgeschichte. Gleich den anderen Megalithbauten des Archipels war sie im Lauf der Jahrtausende unter Erde und Sand verschwunden und zu einem flachen Hügel geworden, aus dem nur die größten Mauerblöcke ragten. Die Bevölkerung hatte diese Relikte seit alter Zeit sagenhaften Giganten – daher der Name – und Wesen mit Zauberkräften zugeschrieben oder sie für »heilige Steine« gehalten.

Im siebzehnten Jahrhundert hatten die noch sichtbaren Reste der Tempel auf Malta und Gozo zum ersten Mal die Aufmerksamkeit eines hohen Würdenträgers des Johanniterordens erregt, der den Archipel 1530 von Kaiser Karl V. als Lehen erhalten hatte. Von diesem Commendator G. F. Abela stammt eine Veröffentlichung »Della Descrittione di Malta« aus dem Jahre 1647. Eine zweite, verbesserte und erweiterte Auflage aus dem Jahre 1772 inspirierte den Hof-Graveur Ludwigs XVI., Jean Houel, der um diese Zeit die Inseln besuchte. In seinem Reisebericht »Voyage pittoresque aux isles de Sicile, de Malte et de Lipari«, der 1787 erschien, schildert er einige der bedeutendsten vorgeschichtlichen Relikte, die er mit Kupferstichen verewigte, welche ihren Zustand vor den ersten Ausgrabungen zeigen.

Die Freilegungen der geheimnisvollen Riesensteinbauten auf Gozo erregte im Zeitalter der Romantik Aufsehen und fand sogleich das Interesse des deutschen Malers H. v. Brocktorff, der in dieser Periode die historischen Denkmäler auf Malta in einer Reihe reizvoller Aquarelle festhielt. Wir verdanken ihm nicht nur einen Bildbericht von 21 Blättern, auf denen er die »Druidischen Relikte« auf Gozo darstellte, sondern auch eine detaillierte Beschreibung der Tempelräume, bei deren Ausgrabung er sogar mitwirkte.

Seine Bilder illustrieren zudem, was in den nachfolgenden mehr als hundert Jahren, in denen die Monumente ihrem Schicksal überlassen wurden, durch Verwitterung und Menschenhände verloren ging. Erst 1933 wurde der Grund, auf dem sie stehen, vom Nationalmuseum in Valletta erworben!

Zu den heute fehlenden Stücken gehört ein »Priapossymbol«, wie Brocktorff eine phallische Säule von etwa 1,30 m Höhe nennt, die an der linken Seite eines Altars gestanden hatte. Wahrscheinlich endete sie als Bauelement in einem der Häuser im nahegelegenen Dorf Xaghra. Von einem großen Podium, das nach Ansicht des Malers einst für eine Statue bestimmt war, ist nichts mehr zu sehen. Wind und Regen haben auch die wabenähnlichen Lochmuster und die Reliefspiralen auf Altären und Wandsteinen, die er liebevoll nachzeichnete, im Laufe der Zeit fast gänzlich ausgewischt.

Von Brocktorff stammen außerdem ein Aquarell, das ein verschollenes Monument im Westen der Ġgantija zeigt, und dessen Beschreibung. Zu seiner Zeit stand dort noch ein Kreis aus hohen unbehauenen Megalithen. Zwei enorme Blöcke rahmten den Eingang. Im Zentrum der Anlage hatte eine frühere Ausgrabung einen rohen Altartisch aus Korallenkalk freigelegt, der sich innerhalb eines kleineren Steinringes befand.

Im März 1987 begab sich ein Team aus britischen und maltesischen Archäologen auf die Suche nach diesem Kultplatz, der inzwischen spurlos verschwunden war. Mit Hilfe moderner Geräte, die unterirdische Hohlräume und im Boden verborgene Baureste anzeigen, wurde tatsächlich eine runde Höhlung von mindestens fünfzehn Meter Durchmesser mit inneren Strukturen und einem Zugang im Osten geortet. Nach diesen vielversprechenden Erfolgen der elektrischen und magnetischen Prospektion ist nun die Spatenarbeit an der Reihe. Die kommenden Jahre könnten aufsehenerregende Entdeckungen bringen.

Für Brocktorff war die Ġgantija ein »Druidentempel«; im allgemeinen aber galten alle alten Bauwerke, die nicht als griechisch oder römisch identifiziert werden konnten, als phönizisch. Den Phöniziern wurden auch die Ġgantija und später Haġar Qim und die Mnajdra an der Südwestküste von Malta zugeschrieben, deren Freilegung 1839 und 1840 mit Hilfe des Gouverneurs, Sir H. Bouverie, unter wenig fachkundiger Leitung vonstatten ging. Diese Ausgrabungen blieben fast bis zum Ende des 19. Jahrhunderts die letzten, was eher einen Vorteil als einen Nachteil für die Erforschung der maltesischen Vorgeschichte bedeutete. Die ersten, durchweg dilettantischen Ausgrabungen, die kaum oder gar nicht beschrieben wurden, hatten zwar die Existenz großartiger Kultbauten enthüllt, aber andererseits viel Schaden angerichtet, die Monumente ihrer schützenden Erdschicht beraubt und damit ihren Verfall gefördert. Die großen Mengen von Keramik und Scherben, die in den Tempelräumen zutage kamen, fanden keinerlei Beachtung. Niemand bemerkte die ungewöhnliche Schönheit und Feinheit dieser Tonware, niemand erkannte ihren Informationswert für die archäologische Forschung. Scherben wanderten sofort auf den Abfallhaufen und die gut erhaltenen Gefäße wurden kaum besser behandelt. Allein aus Haġar Qim und der Mnajdra wurden zwei Wagenladungen Keramik geborgen, die in die Abstellräume des Museums geschafft, dort aufgestapelt und vergessen wurden. Niemand dachte an eine Untersuchung oder Katalogisierung dieses unschätzbaren Studienmaterials. Seine armseligen Reste wurden erst im Jahre 1902 zufällig in zwei Körben auf dem Dachboden der Bibliothek, die dem Museum angeschlossen war, wiedergefunden. Heute bilden die übrig gebliebenen Gefäße Prunkstücke des Museums. Die vollkommenen Formen dieser handgemachten dünnwandigen Ware von vorbildlichem Brand sind ebenso erstaunlich wie die Schönheit und Vielfalt ihrer Verzierungen.

Rot oder weiß inkrustierte schwungvolle Ritzornamente, darunter kometenähnliche Motive, dunkler Buckeldekor auf weißem Grund, rote Voluten mit weißer Umrandung auf hochpoliertem goldbraunem Grund, Ritzzeichnung von Haustieren, Vögeln, Schlangen auf flachen Schüsseln verraten die unerschöpfliche Phantasie und den raffinierten Geschmack der Töpfer oder Töpferinnen. Die hohe Qualität dieser Tonware aus den Heiligtümern, die zu ihrer Zeit in ganz Westeuropa nichts Vergleichbares hatte, hing wahrscheinlich mit ihrer sakralen Funktion zusammen. Sie weist auch keine Spuren täglichen Gebrauchs auf und enthielt vermutlich Opfergaben. Manche der bauchigen Vorratsgefäße mit Knickwand erreichen eine Höhe von einem halben Meter. Die riesige Menge von Scherben in den Tempeln weist vielleicht auf eine rituelle Zerschlagung der Gefäße, die auch bei den westeuropäischen Megalithgräbern beobachtet wurde.

Gegen Ende des neunzehnten Jahrhunderts wußte man noch nicht viel mehr über die maltesische Vorgeschichte als an seinem Anfang. 1892 veranlaßte der Direktor der Bibliothek, A. Caruana, die Ausgrabung zweier megalithischer Bauwerke auf dem Hügel von Kordin oberhalb des großen Hafens von Valletta und publizierte darüber einen Bericht mit Grundrissen im »Archeological Journal«, den ersten auf wissenschaftlichem Niveau.

Trotz des Mangels an schriftlicher Information erregten die wunderlichen Riesensteinbauten auf dem Archipel zunehmend die Neugierde weiter Kreise und lockten Archäologen und Kunsthistoriker, die sich mit Architektur beschäftigten, nach den Inseln. Unter den Altertumsforschern befand sich der bedeutende deutsche Gelehrte Albert Mayr. Er war der erste, der 1901 eine umfassende Monographie unter dem Titel »Die vorgeschichtlichen Denkmäler von Malta« verfaßte, in der er alle damals bekannten Monumente genau beschrieb, für ihr hohes Alter plädierte und sie innerhalb der mittelmeerischen Prähistorie einzuordnen suchte.

Der Beginn einer methodischen wissenschaftlichen Erforschung der Vorgeschichte des Archipels und der Megalithbauten ließ aber dennoch einige Jahre auf sich warten, obwohl 1902 ein Zufall eine der wichtigsten und aufregendsten Entdeckungen auf Malta veranlaßte. Während der Konstruktion einiger Häuser im Hal-Saflieni-Distrikt, einem Außenbezirk von Valletta, brach ein Arbeiter bei der Ausschachtung einer der glockenförmigen Zisternen, die zu allen Häusern der wasserarmen Insel gehören, durch den Felsboden. Er landete in einer Kammer des Gräberlabyrinthes, das als Hypogäum von Hal-Saflieni berühmt werden sollte. Der Bauunternehmer sah keinen Grund, die Arbeiten einzustellen und zerstörte weitere Teile der Decke der unterirdischen Räume, indem er Grundmauern der Häuser hineinsetzte oder sie als Depot für den Bauschutt benützte. Erst nach der Fertigstellung der Häuser wurden die Behörden von dem Fund verständigt. Dann kam es allerdings zur Gründung eines Komitees, das die Untersuchung der Anlage unter der Leitung eines Priesters, E. Magri, beschloß. Magri wurde jedoch bald aus Malta nach Tunis abberufen und starb dort im Jahre 1907, ohne die Ergebnise der Ausgrabungen im Hypogäum veröffentlicht zu haben. Seine diesbezüglichen Notizen gingen verloren. Es schien, als walte auch über dieser Entdeckung kein guter Stern.

1905 aber trat mit dem neuen Direktor des Malta-Museums, Themistokles Zammit, einem Naturwissenschaftler und Bakteriologen, eine ebenso vielseitige wie dynamische Persönlichkeit in den Vordergrund, die jahrzehntelang auf den Inseln des Archipels archäologische Pionierarbeit leistete.

Zammit vollendete die Ausgrabung des drei Stockwerke tiefen Hypogäums, bei der auch festgestellt wurde, daß sich einstmals vor dessen Eingang ein megalithisches Bauwerk befand, wahrscheinlich ein Tempel. Zudem entdeckte man, daß der oberste und daher älteste Teil der riesigen Katakombe, der aus einer Anzahl untereinander verbundener Grabkammern und einer großen Zisterne aus einer späteren Phase der Nekropole besteht, im 18. Jahrhundert bekannt gewesen war. Auf dem Grund des Reservoirs lagen Münzen aus der Zeit des Großmeisters Pinto der Malteser Ordensritter. Der alte Name der Umgebung, die »bei den Gräbern« hieß, zeigt ebenfalls, daß man von der Nekropole gewußt hatte.

1911 publizierte Zammit eine umfassende Beschreibung des Hypogäums mit einem Plan. Im nächsten Jahr veröffentlichte er in Zusammenarbeit mit zwei britischen Archäologen eine Studie über die Kleinfunde, die Tonware und die menschlichen Reste aus der Nekropole, in der ungefähr 7000 Menschen ihre letzte Ruhestätte gefunden hatten.

Mit der Entdeckung der unterirdischen Totenstadt wurde der chthonische Aspekt der maltesischen Urreligion sehr deutlich sichtbar. Was dort unten entstand, zeigt ihre Entwicklung gleichsam in einem dunklen Spiegel, der uns aber ein vollständigeres Bild wiedergibt, als es die dramatischen Fragmente der oberirdischen Tempel vermögen. Einst war der Abstieg in dieses Labyrinth mit den ockerrot gefärbten Wänden vielleicht ein Initationsritus, eine Vorbereitung auf das endliche Eingehen in den Schoß der großen tellurischen Gottheit, in die zeitlose Welt der mächtigen Toten, die dort unten segensreich wirkten und zu den Menschen sprachen, die ihre geheimnisvollen Stimmen im Traum vernahmen.

Das Hypogäum begann im letzten Viertel des vierten Jahrtausends als eine Gruppe der üblichen backofenförmigen Kollektivgräber ostmediterraner Art, die man roh aus dem gelblichen Globigerinen-Kalk gehackt hatte, und wurde bis zum Ende der Tempelkultur benützt. In einer Kammer von drei Meter Länge und einem Meter Breite fanden die Ausgräber die Reste von 120 Bestattungen! Doch wird diese Nekropole kaum ein Friedhof für die Allgemeinheit gewesen sein. Etwa 7000 Beisetzungen in sechs- bis siebenhundert Jahren erscheinen uns dafür zu wenig.

Es scheint möglich, daß die Verstorbenen einer Elite angehörten, zum Beispiel dem Personal der nahe gelegenen Tempelkomplexe von Tarxien und Kordin. Das Sanktuarium in ihrem Herzen spricht ebenfalls für eine Totenstadt besonderer Art. Seine Entstehung wurde sicher durch die Beschaffenheit des Felsens begünstigt. In bergfeuchtem Zustand ist der Globigerinen-Kalk ziemlich weich und kann selbst mit so einfachen Werkzeugen wie Ziegenhörnern, zugespitzten Knochen, Klingen und Schabern aus Feuerstein gut bearbeitet werden. Für die grobe Arbeit wurden Hammer aus dem harten Korallenkalk benutzt. Die drei Geschosse zeigen die bautechnischen Fortschritte ihrer Schöpfer, die das bewunderungswürdige unterirdische Heiligtum im mittleren Stockwerk wie eine Skulptur aus dem gewachsenen Fels schälten.

Aus dem obersten, folgerichtig ältesten Stockwerk mit den einfachen Grabkammern führen trilithische Portale nach dem Vorbild der oberirdischen in das mittlere, den geheimnisvollen Bereich eines Kultes, an dem vielleicht nur Eingeweihte teilnehmen durften. Fast alle Räume sind rundlich oder oval, keine Linie ist ganz gerade, alle Decken sind leicht gewölbt. Dieselbe Tendenz herrscht auch oben in den Megalithbauten mit ihren elliptischen Räumen, den überkuppelten Apsiden, den konkaven Nischen und Fassaden. Selbst die Oberflächen der mächtigen Orthostaten ihrer Innenstrukturen zeigen oft eine leise Schwellung.

Die Wände des Hypogäums waren vielfach rot bemalt mit der altheiligen Farbe des Blutes, die Leben bedeutete und dem körnigen Fels fast das Aussehen organischer Material gab. Im warmen ungewissen Licht kleiner Öl- und Fettlampen mag dieses Labyrinth den Gläubigen wie das Innere des ungeheuren Leibes der Erdmutter erschienen sein. Die Decken einiger Säle sind mit meist roten Zeichen und Ornamenten bemalt: mit Spiralen, wuchernden Ranken, Scheiben, Wabenformen, Augenspiralen in Sechsecken, vielleicht Sinnbildern der über ihrem Reich wachenden Herrin der Unterwelt. Einmal erscheint auch ein schwarzweißes Schachbrettmuster.

Das Sanktuarium im Herzen der Nekropole besteht aus der sogenannten Haupthalle, deren Wände in Nischen, Pfeiler und Durchgänge aufgegliedert sind, welche sauber aus dem Fels gearbeitet wurden. Die Rückwand imitiert eine erhöhte Tempelfassade mit einem Trilithentor. Dahinter liegt der Vorraum des »Allerheiligsten« mit einem Schrein, der durch einen Vorhang oder eine bewegliche Wand verborgen werden konnte. Die Balkenlöcher sind noch in den Seitenwänden zu sehen. Das kleine Sanktuarium ist das Ebenbild einer jener Apsiden, die zu den heiligsten und profanen wohl verschlossenen Räumen der Megalithtempel gehörten. Wieder gibt es ein Trilithon als Portal zwischen vorspringenden Pfeilern, die zu einem Paar Nischen an beiden Seiten gehören. Ein gewaltiger Architrav formt den Abschluß der geschwungenen Front. Darüber wurde der Ansatz zu einer unechten Halbkuppel mit zwei vorkragenden Steinwülsten imitiert. Die kunstvolle Ausarbeitung dieser Architektur bezeugt Meisterschaft. Alle Linien sind mit größter Präzision gezogen, die geglätteten Flächen des Gesteins zeigen nicht die leiseste Unebenheit. Trotz ihrer Massigkeit wirkt die Fassade elegant. Hinter dieser prächtigen Kulisse aber liegt, drei Stufen tiefer, eine unerwartet einfache Kammer, die durch eine Türlochplatte betreten werden konnte. Außer einer von zwei Pfeilern begrenzten Nische enthält sie nichts und macht einen unfertigen Eindruck, als sollte sie gerade erweitert werden, als das Hypogäum wie die ganze Insel plötzlich verlassen wurde. Stand einmal eine Statue in der Nische, enthielt diese Zelle eine Bestattung? Draußen vor der Fassade wurden ohne Zweifel Opfer gebracht. Zwei 30 cm tiefe Löcher im Flur, die mit genau passenden Steinstöpseln verschlossen werden konnten, waren sicher für flüssige Spenden bestimmt. Die Vorstellung vom Durst der Toten, der mit Wasser oder Opferblut gestillt werden mußte, gehörte innerhalb der Megalithkulturen zum ältesten religiösen Gedankengut.

Im Hypogäum von Hal Saflieni, in dem Gräber und Kulträume unmittelbar ineinander übergehen, offenbart sich etwas vom Wesen des heiligen Universums, in dem die Erbauer der Riesentempel zu Hause waren. In der Hut des goldenen Felsens blieb dieses Sanktuarium als einziges der Insel genau so bewahrt, wie es vor fast fünftausend Jahren geschaffen wurde. Zusammenhänge blieben dort erhalten, die in den Megalithtempeln längst zerstört wurden. Etwas von der einstigen Magie dieses Ortes mystischer Erfahrungen ist selbst heute noch spürbar. Wenn die lärmenden Touristengruppen das Hypogäum verlassen haben, scheint es, als sei die Stille von raunenden Stimmen, von Erinnerungen an Visionen, Ekstase und Träume belebt. Jeder Laut löst ein murmelndes Echo aus, das den dunklen Mündern der Grabzellen entsteigt. Wer mit tiefer Stimme in eine kleine ovale Höhlung spricht, die in Gesichtshöhe aus der Wand der Halle mit der ranken- und volutenübersponnenen Decke gemeißelt wurde, erschrickt von dem Widerhall, der bis in die fernsten Räume als geisterhafte Stimme dringt. Erreichten von hier aus die Worte eines Priesters oder einer Seherin, aus denen die Gottheit sprach, die Eingeweihten?

Die mit Wandmalereien geschmückten Säle inmitten der Grabkammern waren sicher Schauplätze sakraler Handlungen. Unter den zahlreichen Funden aus der Nekropole, die zum größten Teil Totenbeigaben wie Keramik, Schmuck, Amulette waren, kamen auch Votivgeschenke ans Licht, die Rückschlüsse auf den Kult und auf bestimmte Riten wie den Tempelschlaf erlauben, der noch in der Antike allgemein geübt wurde. Eines, eine kleine rotbemalte Terrakottaplastik, wurde als die »schlafende Dame« berühmt. Sie zeigt eine Schlummernde, vermutlich keine Göttin, eher eine Priesterin, die auf ihrer rechten Seite auf einem leichten Bett ruht. Ein weiter gemusterter Rock, der in Fransen oder einem Volant endigt, wölbt sich über der hohen Rundung der Hüften und Schenkel. Der Oberkörper mit den schweren Brüsten und üppigen Schultern und Armen ist nackt. Ein zu kleines, zartgebildetes Haupt mit einer halblangen stilisierten Frisur, die einer Perücke ähnelt, krönt diesen massigen Leib. Es ruht auf einer Stütze, die von der Schläferin mit einem winzigen Händchen umfaßt wird. Die Zierlichkeit der Hände und des Köpfchens bilden einen seltsamen Gegensatz zu der Plumpheit des Körpers. Trotz der eigenartigen Proportionen ist der Gesamteindruck der sehr fein modellierten Figur, die tiefe Ruhe ausstrahlt, von bezaubernder Anmut. Einzigartig wie alle Schöpfungen des Inselvolkes ist auch dieses Miniaturkunstwerk, vielleicht das Bildnis einer Seherin, die im heiligen Schlaf die Botschaft der Unteren Mächte empfängt. Sollte die Fülle ihrer Gestalt an die Erscheinung der Magna Mater erinnern, deren Dienerin sie war?

Ganz anders wirkt ein zweites Figürchen auf einem Bett aus dem Hypogäum, das auch rot bemalt aber viel roher gearbeitet ist. Diese Frau ist mit anbetend erhobenen Armen bäuchlings in der Haltung demütiger Unterwerfung auf ihrem Lager ausgestreckt. Sie scheint eine Bittende zu sein, möglicherweise eine Kranke, die um Genesung fleht.

Bildnisse der Erdmutter aus der Nekropole zeigen sie in ihrem mysteriösen Aspekt als nackte stehende Gestalt von monströser Fettleibigkeit, ohne Andeutungen des Geschlechtes. Nur die rituelle Geste des abgewinkelten Armes mit dem viel zu kleinen Händchen, das unter der flachen Brust liegt, bezeugt, daß es um Darstellungen der Magna Mater geht. Die größere Statuette mit einem stark beschädigten Oberteil ist aus Kalkstein und kam zusammen mit zwei weiblichen Köpfen in einer Opfergrube ans Licht. Einer gehörte wahrscheinlich zu dieser Figur, die komplett etwa einen halben Meter hoch war. Die kleinsten Figürchen sind aus Alabaster und kaum fingerlang. Sitzende Täubchen, die aus Muschelmasse und aus Nephrit geschnitzt wurden, könnten als Symbole der Göttin gesehen werden, als uralte Vorläufer der Tauben, von denen die orientalischen Fruchtbarkeitsgöttinnen begleitet wurden. Ob die zahlreichen beilförmigen Anhänger aus Grünstein, die den Toten mitgegeben wurden, Sinnbilder eines männlichen Gottes waren, ist ungewiß.

Die beiden oberen Geschosse des Hypogäums gehörten ohne Zweifel den Toten in der Hut der Großen Göttin, die Bestimmung des untersten, das bis in eine Tiefe von elf Metern reicht, erscheint unklar. Dort fanden sich keine Bestattungen, nur leere Räume, die durch fast zwei Meter hohe Zwischenwände abgeteilt sind. Starke Pfeiler, die bei den Ausschachtungsarbeiten ausgespart wurden, stützen die Decke dieser tiefsten Gewölbe, auf denen die Last der oberen Stockwerke ruht. Auch hier wurden die Wände reichlich mit der heiligen Blutfarbe bedeckt. Im innersten und tiefsten Raum gibt es vier Seitennischen. War dort ein weiteres Heiligtum geplant, warteten die Zellen auf Bestattungen, die nicht mehr kamen, weil alle Menschen die Inseln verlassen hatten? Oder wurden hier unten Vorräte wie Getreide bewahrt?

Die Tiefen des Labyrinthes hüten ihre Geheimnisse gut. Was sie preisgaben, erhellte einige wesentliche Aspekte der maltesischen Urreligion, unendlich viel aber blieb im Dunkel. Es ist fast sicher anzunehmen, daß diese Nekropole kein Unikum auf den Inseln darstellte.

Im Umkreis der großen Tempel könnten weitere Entdeckungen die Archäologen erwarten, vor allem im Bereich der Ġgantija. Ein allerdings recht unklarer Bericht eines italienischen Antiquars aus dem Ende des achtzehnten Jahrhunderts spricht von einem Labyrinth, das er bei den Tempeln untersucht habe. Man hat vergeblich danach geforscht, heute besteht sicher mehr Aussicht auf Erfolg.

Die methodische Ausgrabung, Erforschung und genaue Beschreibung des Hypogäums war Dr. Zammits erste große Leistung. Seine zweite, die Entdeckung und Freilegung der Tempel von Hal Tarxien, erwies sich als ebenso wichtig und sollte mehrere Jahre dauern. Klagen von Bauern über riesige Steine, die ihre Feldarbeit am Rande von Valletta erschwerten, erregten 1914 Zammits Aufmerksamkeit. Das steinige Terrain war nur vierhundert Meter von Hal Saflieni entfernt. 1915 wurde dort mit einer Probegrabung begonnen, die sofort sensationelle

Ergebnisse brachte. Unter einer Erd- und Schuttschicht stieß man auf die Apsiden eines Megalithtempels, in denen sich eine 60–70 cm dicke Lage Sand angesammelt hatte. In dieser Füllung steckte eine große Zahl von Aschenurnen aus Terrakotta, begleitet von kleineren Gefäßen, die wahrscheinlich Speisen für die Verstorbenen enthalten hatten, von Dolchen und Streitäxten aus Bronze und Pfeilspitzen aus Obsidian. Die Keramik unterschied sich grundlegend von der feingearbeiteten Ware der Epoche der Tempelkultur, sowohl in der Qualität des Tons als auch in dem schlechteren Brand, der gröberen Ausführung und den Formen und Verzierungen. Zu den Beigaben gehörten auch Halsschmuck aus Muschel- und bläulichen Glaspasteperlen und merkwürdige scheibenförmige Tonidole mit eingeritzter geometrischer Verzierung, aufs äußerste stilisierten Darstellungen einer Thronenden, die entfernt anatolischen Scheibenidolen aus der Frühbronzezeit ähneln. Es war überdeutlich, daß die Besitzer dieser Gegenstände nichts mit der alten Inselkultur zu tun hatten. Mit ihren alpinen Rundschädeln gehörten sie zudem einer ganz anderen Rasse an als die feingliedrigen Urbewohner mit ihren mediterranen Langschädeln. Diese robusten Neuankömmlinge sollten die wechselnden Geschicke des Archipels unter immer neuen Herren bis heute überdauern. Sie bilden noch stets den Grundstock der Bevölkerung.

Zammit hatte mit den Ruinen von Tarxien zugleich den Höhepunkt der maltesischen Tempelkultur und ihre letzte Phase ans Licht geholt. Was er im Lauf mehrerer Jahre freilegte – die Erdgeschosse dreier mächtiger untereinander verbundener Heiligtümer und Fragmente eines kleinen älteren außerhalb dieses Komplexes – ist wahrscheinlich nur ein Teil der Bauten, die sich einmal in diesem Bereich erhoben und etwas wie eine heilige Tempelstadt bildeten. Immer wieder kommen Megalithen von beträchtlichen Maßen in der näheren und weiteren Umgebung zutage. Alte Berichte sprechen von Ruinen auf einem

Das restaurierte Kalksteinmodell einer Tempelfassade aus Tarxien. Höhe des Modells 33 cm.

dreihundert Meter entfernten Hügel, und auf den Kordin-Höhen über dem Großen Hafen standen drei der ältesten Tempel des Archipels, von denen nur einer die Bombenangriffe des letzten Weltkrieges überdauerte. Tarxien im Hintergrund des Großen Hafens war vermutlich die Hochburg der Priesterschaft, das religiöse und wirtschaftliche Zentrum des Archipels. Später lieferten die prächtigen Blöcke der Sanktuarien jahrtausendelang Material für die Bauten am Hafen. Vor allem die fünfundzwanzig Meter breite Front des Südtempels wurde fast ganz abgetragen. Ein glücklicher Fund, Bruchstücke des Kalksteinmodells einer Tempelfassade, bewahrte uns trotzdem ihr Aussehen.

Dieses Votivgeschenk und der wundervoll erhaltene Unterbau der Fassade von Ħaġar Qim übermitteln eine klare Vorstellung des einzigartigen Stils und der feierlichen Monumentalität der Tempelfronten aus der Hochblüteperiode, die zehn bis zwölf Meter emporragten. Ihr Aufbau von perfektem Regelmaß, die hervorragende Bearbeitung des Steinmaterials und die ausgewogene Verteilung der Massen bezeugen eine Meisterschaft, die für immer ein Rätsel bleiben wird.

In Tarxien fehlt der überwältigende Eindruck, den die Fassade von Haġar Qim hervorruft. Allein die Innenkonstruktion der Räume, Höfe und Durchgänge mit den riesigen Orthostaten und fugenlos aneinandergefügten Quadern zeigt noch das mächtige Gerüst der Tempel, das vielleicht einen Oberstock tragen mußte. Die moderne Nachbildung eines Trilithenportals bildet den Eingang in das südliche, das älteste Sanktuarium, durch das die beiden anderen zu erreichen sind. Hinter dem Torweg erwartet die Besucher ein überraschender Aspekt der faszinierend vielgesichtigen Sakralkultur der Inseln, ein Saal, der beinahe in einen spätbarocken Palast passen würde. Das vordere der beiden Ovale des Tempels, das wie üblich aus einem Mittelhof und zwei abgeteilten Apsiden besteht, wurde reich verziert. Zahlreiche Altäre der unterschiedlichsten Maße sind mit feingearbeiteten leicht konvexen Reliefs geschmückt. Das vieldeutige Spiralmotiv, das auch die frühe Kykladenkunst kennzeichnete, erscheint in endlosen Variationen, die oft pflanzenhaftes Rankenwerk imitieren. Auf zwei langen Blöcken wurden Opfertiere dargestellt: Schafe, Ziegenböcke, ein Schwein und ein Widder, deren stilisierte Umrisse mit sicherer Hand aus dem Globigerinen-Kalk gemeißelt wurden. Farbspuren beweisen, daß die Wirkung der Reliefs durch rote und weiße Bemalung erhöht wurde. Kein anderes Heiligtum enthält einen ähnlichen Reichtum an Verzierungen. Die Motive und die verspielte Anmut der Ornamente erinnern an die minoische Kunst und wurden lange Zeit auch mit dieser in Verbindung gebracht. In der rechten Apsis thront der massige Torso einer Kolossalstatue, der ältesten, die wir kennen, auf einem reliefgeschmückten Sockel. Ohne Zweifel stellte diese Kalksteinskulptur die Große Göttin dar, der das Heiligtum gehörte. Nur der weite Rock mit dem Faltensaum, unter dem unförmig dicke Beine auf zu kleinen Füßen hervorschauen, blieb zum Großteil erhalten. Verschiedene Votivfigürchen und Reliefs überlieferten aber das Aussehen der bekleideten Göttin. Ihr traditionelles Gewand ähnelte mit dem tiefen Halsausschnitt, den gebauschten Ärmeln und dem ausladenden Rock der Tracht der Rokokodamen. Eine schwere Schmuckkette hing auf die Brust herab, die linke Hand ruhte oberhalb der Taille. Das Haupt war, wie bei allen größeren Statuetten, wahrscheinlich gesondert gearbeitet und lose in eine Vertiefung zwischen den Schultern eingesetzt. Glich es einem madonnenhaft lieblichen Terrakottaköpfchen mit einer schlichten in der Mitte gescheitelten Frisur, das in Tarxien ans Licht kam? Im Südtempel wurde die Göttin vielleicht als die gütige Mutter alles Lebenden, die Spenderin der Fruchtbarkeit der Erde, der Tiere und Menschen verehrt. Ihr galten die Opferfeuer, für sie wurden geweihte Tiere auf den Altären geschlachtet. Nichts weist auf Menschenopfer. Ein kubischer Altar, über dessen Front sechs Spiralen rollen, enthielt in einer verschlossenen Öffnung an der Vorderseite noch das scharfe gekrümmte Messer aus Feuerstein, mit dem man den Hals der Opfertiere durchschnitt. Ihre Knochen wurden durch eine Fensterlochplatte in der üblichen Umrahmung in den hohlen Altarblock geworfen.

Die erhöhte Mittelapsis des rückwärtigen Ovales enthielt in ihrem von halbrunden Bänken flankierten Tabernakel zweifellos einen Kultgegenstand, vielleicht ein Symbol des zeugenden Gottes, gleich Miniaturschreinen mit phallischen rotbemalten Säulchen, die zu den Votivgaben aus Tarxien gehören. Der größte aller reliefverzierten Blöcke aus den Megalithtempeln, bedeckt mit S-förmigen Doppelspiralen, verriegelt den heiligen Bereich.

Der jüngere Mitteltempel besitzt als einziger der Insel drei ovale Querschiffe. Seine großlinige Architektur mit den hohen Orthostaten ist von feierlicher Strenge. Anders als das ältere Sanktuarium, in dessen buntem Prunksaal eine milde Muttergottheit allen sichtbar und erreichbar thronte, scheint er eine geheime Welt zu hüten. Wahrscheinlich durfte nur der weite, gepflasterte Hof, in dem ein runder Herd und ein riesenhaftes Steingefäß zutage kamen, von jedermann betreten werden. Die rückwärtigen Räume waren verbotenes Gebiet. Eine breite Schwelle, Ausdruck der Scheidung zwischen Profanem und Heiligem, trägt eine Steinschranke zwischen zwei gigantischen Blöcken. Die drohenden Augen der Gottheit in der Form zweier Okulusspiralen auf dieser Barriere wehren den Zugang. Diese Absperrung kennzeichnet alle späten Sakralbauten ebenso wie die Menge und Verschiedenartigkeit der Altäre und Kultanlagen, die auf immer kompliziertere Rituale weist, welche eine steigende Zahl von Priestern und Priesterinnen bedingten. Deren Macht und vielleicht auch ihr Hochmut mögen entsprechend gewachsen sein. Es ist denkbar, daß eine solche Entwicklung zur Revolte der Bevölkerung gegen die Diktatur dieser Theokratie führte, deren Folgen der Zusammenbruch der sozialen und wirtschaftlichen Strukturen auf den Inseln und die Auswanderung ihrer Bewohner waren.

Zammit datierte den Beginn der Tempelkultur auf rund 3000 v. Chr. und die Ankunft des neuen Volkes gegen 2000 v. Chr. Viel höhere Daten schlug danach der italienische Archäologe L. Ugolini vor, der 1934 die Resultate seiner maltesischen Studien in einem großen Werk veröffentlichte. In seiner politisch inspirierten Begeisterung erschien diesem gläubigen Faschisten der Archipel als die Wiege aller altmittelmeerischen Zivilisationen. Seine Datierung der Heiligtümer sollte sich aber als richtiger erweisen als die Zeitbestimmung der Megalithbauten durch den objektiven, gründlichen britischen Archäologen J. D. Evans, der 1950 eine neue Etappe der prähistorischen Forschung auf den Inseln einleitete. Unter ihm wurde erstmalig das gesamte Fundmaterial überprüft und verschiedenen Abschnitten der maltesischen Vorgeschichte zugeordnet. Diese Einteilung bewährt sich bis heute. 1956 entdeckte Evans die Felsnekropole von Xemxija aus der ersten Hälfte des vierten Jahrtausends. Die nierenähnliche Gestalt des größten Grabes erschien ihm als Vorform der nischenreichen Tempel, obwohl das Modell eines ovalen, einzelligen Megalithtempelchens aus Mġarr eher auf elliptische Hausformen als Vorläufer deutet. Das Alter der ersten Inselkultur wurde von Evans, der die Besiedlung des Archipels gegen 2500 v. Chr. ansetzte, gewaltig unterschätzt. Die Hochblüte der megalithischen Tempelkultur, in der er minoische und mykenische Einflüsse zu erkennen glaubte, datierte er auf etwa 1600 v. Chr., das Erscheinen eines neuen Volkes auf Malta um 1400 v. Chr.

1960 brachte die Ausgrabung von Skorba durch D. H. Trump, bei der ein Dorf aus dem fünften Jahrtausend zutage kam, unerwartete Aspekte der ältesten Besiedlung der Inseln ans Licht. Rundliche Hütten mit Lehmziegelmauern auf Steinsockeln wiesen auf vorderasiatische Bautraditionen; die angebauten Nutzpflanzen entsprachen jungsteinzeitlichen Sorten in Anatolien. In den Resten eines Gebäudes fanden sich Opferspuren und kleine weibliche Tonidole mit dreieckigen zurückgeworfenen Köpfen, die frühkykladischen ähneln. Neuartige graue und später rote Keramik kennzeichnet diese »Skorba-Kultur«. 1987 wurden auf Gozo Relikte eines Dorfes derselben Art und Periode freigelegt. Gegenwärtig arbeiten, neben den einheimischen, britische, italienische, französische und spanische Archäologen auf Malta und Gozo, die sich mit verschiedenen Abschnitten ihrer langen Geschichte beschäftigen.

Trotz aller Erfolge der prähistorischen Forschung auf den Inseln bleibt ihre frühe Tempelkultur eines der größten Rätsel der altmittelmeerischen Vergangenheit. Doch das Betreten ihrer heiligen Stätten kann noch immer, selbst für den Menschen unserer desakralisierten Welt, zum intuitiven Erlebnis eines lang vergessenen Universums werden, das von Urbildern aus der Morgendämmerung der menschlichen Seele erfüllt war.

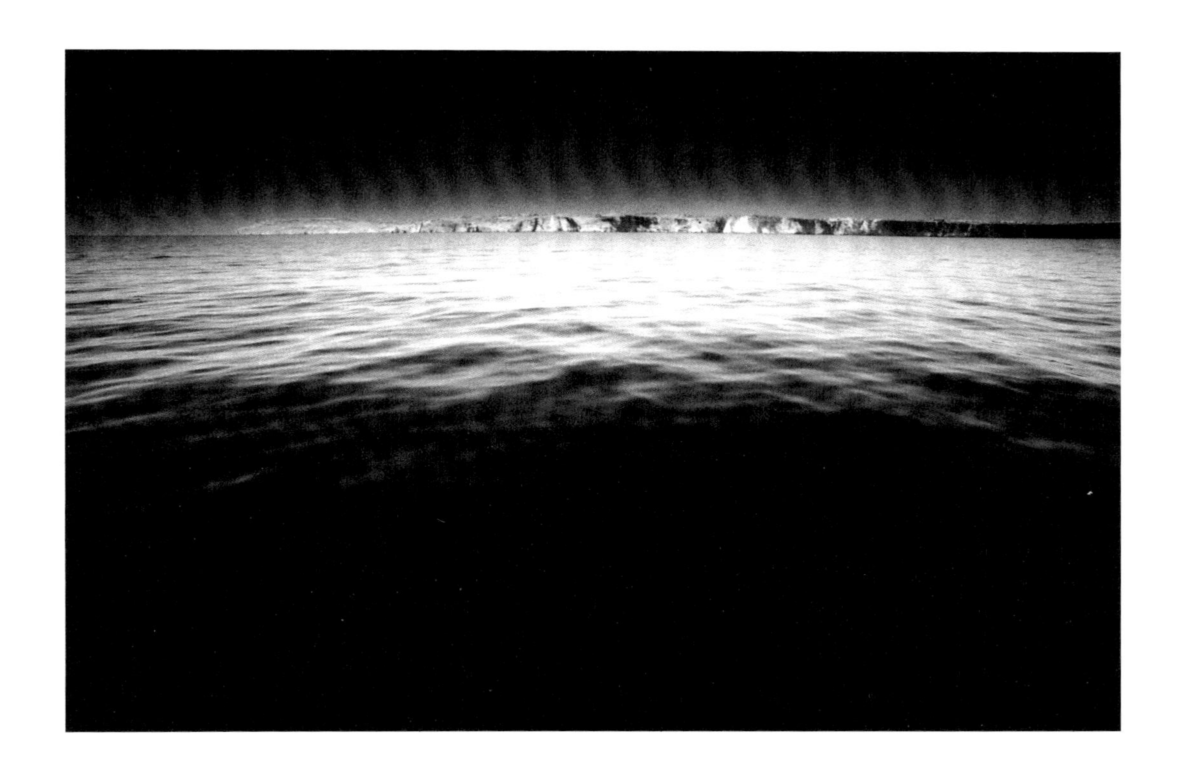

Die Südwestküste von Malta

Ein Geheimnis, das durch Erklärung
aufgelöst wird, war nie eins. Das echte Geheimnis
widersteht der ›Erklärung‹; und nicht, weil es sich mit
irgendwelchen Kniffen doppelter Wahrheit
der Prüfung entzöge, sondern weil es seinem Wesen nach
nicht rationell aufgelöst werden kann. Aber es
gehört zur gleichen Wirklichkeit, zu der
auch das Erklärbare gehört, und steht zur Erklärung in
einem absolut redlichen Verhältnis. Es ruft diese,
und ihre Aufgabe besteht gerade darin, zu
zeigen, wo echtes Unerklärbares ist.

KARL KERÉNYI

Statt der eigenen Vorstellungskraft zu
erlauben, von einer späteren zu einer früheren Stufe
hinzudenken, sollte man sich lieber bemühen,
von einer früheren Stufe zu einer späteren hinzudenken.
Eine solche Perspektive ist sowohl angemessen
als auch produktiver.

NORBERT ELIAS

Die Fassade des
Doppeltempels Ġgantija auf Gozo

ERSTES KAPITEL

DIE ĠGANTIJA

Mit dem Südtempel der Ġgantija, des Doppelheiligtums auf der Hochfläche von Gozo, begann gegen 3600 v. Chr. die Ära der maltesischen Riesentempel. Keiner von ihnen erreichte die Maße dieses ersten mit seiner Längsachse von siebenundzwanzig Metern und den saalgroßen Apsiden. Die merkwürdige Kleeblattform, die für die ältesten Sanktuarien kennzeichnend war, bestimmte auch die anfängliche Gestalt dieses Baues, dem etwas später ein kleineres Oval vorgelagert wurde. Welche Vorgänge zur Entstehung dieses Tempels führten, mit dem die Sakralbauten der Inseln plötzlich ins Überdimensionale wuchsen, bleibt dunkel. Deutlich ist nur, daß er von Anbeginn als ein titanisches Werk geplant war, als Brennpunkt einer Zone, in der sich noch mindestens drei kleinere Heiligtümer und der mysteriöse Brocktorff-Kreis befanden.

Die verwitterten Steinmassen der Ġgantija beherrschen bis heute das Plateau von Xaghra, an dessen Rand sie stehen. Vor mehr als fünf Jahrtausenden thronte sie im Panzer der gewaltigen Umfassungsmauer aus Korallenkalk mit den flachen Kuppeln der Apsiden, den beiden monumentalen Fassaden und dem weiten Rund des Vorplatzes, der als Terrasse an den Hang gefügt wurde, wie eine Götterburg über der zum Meer abfallenden Landschaft. Die linke Frontseite des Südtempels ist noch sechs Meter hoch. Unbehauene Riesenklötze formen den Sockel, der sechs Reihen roher Blöcke trägt. Diese primitive gemischt megalithische und zyklopische Bauweise gilt für die ganze Umwallung. Der nach Osten geöffnete Eingang, vor dem eine enorme Steinschwelle liegt, bildet einen überraschenden Kontrast zum urzeitlichen Anblick der Mauer. Das tiefe Portal, dessen Decksteine fehlen, besteht aus sauber zugehauenen und geglätteten Platten aus Globigerinen-Kalk, der auch für die handwerklich bereits hervorragende Ausstattung der Räume verwendet wurde. Die Innenstruktur des Tempels, die in der Füllmauer aus Erde und Schotter wie in einem Hügel steckt, besteht aus grobem Mauerwerk, das unter einer rotgefärbten Stuckschicht verborgen wurde. Die Flure sind aus der zementartigen Torba, einer Mischung aus Globigerinen-Kalk, der gestampft und mit Wasser vermengt wurde. Die vordere rechte Apsis, die auf einem Aquarell von Brocktorff spiral- und lochmusterverzierte Altäre und ein erhöhtes Tabernakel zeigt, hat kaum Spuren dieses Schmuckes bewahrt. Das Tabernakel ist verschwunden. Die rückwärtigen Apsiden messen von einem zum anderen Ende vierundzwanzig Meter. In die Rundung der linken, die fünfundachtzig Quadratmeter umfaßt, sind mehrere Altäre eingebaut. Die leicht vorstehende oberste Steinreihe ihrer Rückwand deutet auf den Ansatz einer Kragkuppel. Es gibt genug Hinweise auf überdachte Apsiden in den maltesischen Tempeln; ein vollständiges Steingewölbe über diesem zehn Meter weiten Raum ist aber kaum vorstellbar.

Die Mittelapsis könnte mit ihrem erhöhten Boden, der durch lochverzierte Platten abgegrenzt wird, das Allerheiligste gewesen sein. Zwei fast lebensgroße Köpfe aus der Ġgantija weisen auf steinerne Skulpturen in ihren Räumen.

Der Nordtempel, der dem ersten Bau später angefügt wurde, ist wesentlich kleiner. Seine zur Nische geschrumpfte Mittelapsis und das größere vordere Oval entsprechen der Form der jüngeren Sanktuarien, seine Bautechnik und Ausstattung aber unterscheiden ihn nicht von seinem Vorgänger.

Folgende Doppelseite:
Eingang des Südtempels

Eintritt in das Heiligtum

Durchblick zur mittleren Apsis

Die linke vordere Apsis des Südtempels

Die rechte vordere Apsis des Südtempels

Jeder Bau ist ein *absoluter Anfang,*
tendiert also zur Wiederherstellung des
anfänglichen Augenblicks, der Fülle einer Gegenwart,
die keine Spur von »Geschichte« enthält.

MIRCEA ELIADE

Der Tempel ist eine *imago mundi,* weil die
Welt das Werk der Götter und deshalb heilig ist.
Doch die kosmologische Struktur des Tempels läßt eine
neue religiöse Wertung zu: als heiliger Ort
par excellence, als Haus der Götter, heiligt der Tempel
die Welt ständig von neuem, weil er sie repräsentiert und
zugleich umfaßt. Durch den Tempel wird die
Welt in ihrer Totalität neu geheiligt. Wie unrein die
Welt auch sei, sie wird stets gereinigt durch
die Heiligkeit der Heiligtümer.

MIRCEA ELIADE

Löcher für Trankspenden an die Toten
in der linken vorderen Apsis des Südtempels

Die Mittelnische des Nordtempels

Blick von der Mittelnische des Nordtempels.
In den Wandplatten Löcher zum Einsetzen von Sperrbalken.

Die Umfassungsmauer des Tempelkomplexes

Die mit der Schmalseite nach außen gerichteten Steine
sind die »Mauerbinder« der Nordfassade

Die »Schlafende Dame«. Hal Saflieni.

Zweites Kapitel

HAL SAFLIENI

Die Baugeschichte des Hypogäums von Hal Saflieni läßt sich heute mühelos verfolgen. Der Eingang, der den Besucher direkt in das Mittelgeschoß bringt, wurde erst nach der Ausgrabung angelegt und hat nichts mit dem ursprünglichen zu tun.

Der Weg zu diesem und dem ältesten Teil der Nekropole führt vom Fuß der modernen Wendeltreppe nach rechts durch eine Vorhalle der Kulträume und über verschiedene Stufen hinauf in das oberste Stockwerk. Die Grundmauern der Gebäude, die 1902 unbekümmert in die prähistorischen Katakomben gesenkt wurden, haben dort die Decken der grob ausgehackten Grabkammern mehrfach durchbrochen. Durch eine Mauerlücke erblickt man einige Megalithen im Inneren eines leeren Hauses. Einmal gehörten sie vermutlich zu einem Tempel, der sich vor dem Trilithentor des Friedhofes erhob, das noch immer steht. Im Norden des verstümmelten Oberstockes befindet sich die glockenförmige Zisterne von acht Metern Tiefe, aus der das Wasser für Kulthandlungen im unterirdischen Heiligtum geschöpft wurde. Drei vorkragende Ringe, die aus ihrer Wand gemeißelt wurden, deuten auf eine Bienenkorbkuppel als einstige Überdachung. Diese typische Form und die rituelle Rotfärbung der Innenseite beweisen, daß das Reservoir aus der Tempelperiode stammt. Die Grüfte, die kaum von Naturgrotten zu unterscheiden sind, entsprachen den rundlichen oder nierenförmigen Felsgräbern mit Schachtzugang, die im vierten Jahrtausend aufkamen. Es ist nicht beweisbar, daß diese, wie Evans vermutete, die Vorbilder der ersten Tempel waren; der enge Zusammenhang zwischen Grab und Megalithsanktuarium ist aber in Hal Saflieni unübersehbar. Die allmähliche Entwicklung der oberirdischen Heiligtümer von einfachen Strukturen aus Bruchsteinen, die regellos aufgetürmt wurden, zu raffinierten Meisterwerken der Baukunst hat ihr Gegenbild unter der Erde. Die Haupthalle und das Allerheiligste sind getreue Kopien von Kulträumen in den Tempeln und selbst die Lochmuster und Spiralmotive fehlen nicht. Eine Besonderheit des Hypogäums stellt nur die konkave Grube im Boden einer Nische des Saales mit wabenartigen roten Mustern dar. Durch ein Fenster in der Wand der benachbarten Haupthalle wurden Opfergaben in den weiten, zwei Meter tiefen Schacht geworfen. Zammit fand darin die Statuette der »schlafenden Dame«, Amulette und Schmuckstücke. Vielleicht wurden in dieser Höhlung Schlangen gehalten, die Tiere der Erdgöttin, deren periodische Häutung als Symbol ewiger Wiedergeburt galt.

Der Ausbau des Hypogäums war noch in vollem Gang, als eine mysteriöse Katastrophe zur Verödung des Archipels führte. Unfertige Räume und das leere Kellergeschoß bezeugen den jähen Abbruch der Arbeiten. Stellenweise ist das Netz von Löchern sichtbar, das mit spitzen Werkzeugen aus Horn und Knochen in das Gestein gebohrt wurde, um das nachfolgende Ausbrechen größerer Felsstücke mit Hacken und Meißeln zu erleichtern. Mehrfach wurden natürliche Spalten im Fels in die Architektur einbezogen.

Bis heute steht das riesige Hypogäum allein. Kleinere Gruppen von Felsgräbern werden aber immer wieder auf den Inseln entdeckt. 1912 gab es auf Gozo sogar Polizeialarm nach dem Fund einer Grube mit »blutigen« menschlichen Knochen. Die vermeintlichen Relikte eines grausigen Verbrechens wurden dann von Zammit als eine der vorgeschichtlichen Ockerbestattungen identifiziert.

Folgende Seite:
Die Haupthalle

Liegende im Tempelschlaf

Zugang zum
Allerheiligsten des Hypogäums

Die Menschen verhielten sich
ursprünglich nicht nur gesellschaftlich
zueinander, sondern auch zur gesamten Natur.
Das, woran sie dachten, war nicht einfach Objekt
des Denkens, sondern das Denken belebte
das Gedachte, der Art, das der Denkende dem Gedachten
Subjektcharakter verlieh. Die Menschen waren sich
des Vorgangs der Beseelung der Welt nicht
bewußt. Es geschah etwas mit ihnen: die Welt bewegte sich
vor ihren Augen nach Gesetzen, die man nachträglich
psychische Gesetze genannt und nach innen
gestülpt hat. Die mimetische Grundstruktur, also die
Traumform, hat ursprünglich, in archaischen Gesellschaften,
den sozialen Rahmen gebildet. Es war eine
vielstimmige, vielköpfige Struktur, die dann ihrer
sozialen Funktion enthoben und durch einstimmige,
monocephale Struktur, die Vernunftsform,
ersetzt wurde. Weil heute diese monocephale Struktur
unsere Erkenntnisform ist, muß es so aussehen,
als mache die Gesellschaft
an der Schwelle des Schlafes halt.

Elisabeth Lenk

Der Mensch konnte nur als Träumender,
also nur in imaginärer, wechselnder, unwandelbarer
Gestalt direkt mit den heiligen Wesen
verkehren, als Individuum, im Wachen, lebte er in der
profanen Stammesgesellschaft. Die sakrale
Welt war am Tage unsichtbar. Die sichtbare Welt
war von der unsichtbaren Welt umgeben, wie neben der
Sonne Millionen Sterne existieren, die man am
Tage nicht sieht. Die außermenschlichen Personen
traten also nicht nur in Mythen, sondern auch
in Träumen auf, ja, der Traum war der
Mittler zwischen der profanen Welt des Alltags und der
sakralen Welt, insofern nur er eine intime
Beziehung jedes Einzelnen zu jener Welt zu
stiften vermochte.

Elisabeth Lenk

Die »Schlafende Dame«,
vermutlich eine Priesterin im seherischen Schlaf

Wandblöcke mit Wabenmuster im
Durchgang zur Haupthalle

Schoß der Magna Mater

DRITTES KAPITEL

GESTALTEN UND GESICHTER

Einzigartig wie der Baustil und die Ausstattung der Heiligtümer in der Epoche der maltesischen Megalithtempel war auch die sakrale Bildkunst der Inselbewohner. Ihre Kultfiguren, deren Maße von Amulettgröße bis zur Kolossalstatue von Hal Tarxien reichten, wurden nach einem strengen Kanon geschaffen, der sehr alten Vorstellungen entsprach. Die meisten zeigen nackte sitzende oder stehende Gestalten von übermenschlicher Fülle, einige stellen die Göttin im weiten Glockenrock als Thronende auf einem Schemel dar. Eine Statuette aus Haġar Qim trägt ein ausgeschnittenes Gewand mit langen Ärmeln.

Die Frage, ob alle diese Bildnisse als verschiedene Aspekte einer einzigen Gottheit zu verstehen sind oder ob sie mehrere überirdische Wesenheiten verkörperten, bleibt offen. Doch spricht vieles für immer dieselbe kosmische Macht: die Urmutter als Spenderin allen Lebens und als Herrin der Ober- und der Unterwelt.

Im Ostmittelmeerbereich wurden die fettleibigen weiblichen Idole nach dem fünften Jahrtausend zunehmend durch schlanke, stark stilisierte oder abstrakte Figuren abgelöst. Die maltesischen Plastiken aber bewahren, mit einer rätselhaften Ausnahme, dem Bruchstück einer anthropomorphen Stele aus einem frühen Grab von Żebbuġ, unverändert den Archetyp der Magna Mater, als der ewig Gebärenden, deren ungeheurer Schoß die ganze Welt symbolisiert. Tiefe Ruhe geht von den erdhaft schweren Sitzenden aus, die an Buddhabildnisse erinnern. Das Fehlen deutlicher Geschlechtsmerkmale, die feinen Händchen, die oft zu kleinen Füße und die naturalistischen Häupter unterscheiden die maltesischen wesentlich von den frühen ägäischen und anatolischen Darstellungen.

Bei allen außer den kleinsten Statuetten wurden die Köpfe gesondert eingesetzt und blieben vielleicht beweglich.

Die meisten Häupter, die lose zutage kamen, zeigen volle Antlitze von feierlichem Ernst. Die kurzen Haare umrahmen sie in regelmäßigen Wellen. In zwei Fällen kommen herabhängende Zöpfe vor.

Wahrscheinlich bestand eine Gilde von Künstlern, die mit den Tempeln verbunden und mit der Herstellung der heiligen Bildwerke beauftragt waren, welche nach einem vorgeschriebenen Schema gestaltet wurden. Doch gab es auch freie Schöpfungen von lebensvollem Naturalismus wie die »Schlafende Dame« aus Hal Saflieni oder die »Venus von Malta« aus den Tempeln von Haġar Qim, den meisterhaft modellierten kleinen Torso einer nackten Frau.

Neben den feingearbeiteten Kultbildnissen kamen zahlreiche Miniaturfiguren und Köpfe aus Ton und Stein von roher Ausführung in den Heiligtümern ans Licht. Zweifellos stellen sie menschliche Wesen dar, die den Bitten an die Gottheit durch eine symbolische Anwesenheit in den Tempeln mehr Gewicht verleihen oder Dank für erwiesene Gnaden ausdrücken sollten. Die erschreckend realistische Ausbildung einer weiblichen Tonfigur mit allen Merkmalen eines Bauchtumors zeigt, daß man Heilung von Krankheiten erhoffte.

Muschelsplitter im Leib einer anderen weisen auf schwarze Magie im Schatten der tellurischen Mächte. Steinerne Köpfchen tragen nur skizzenhafte Gesichter.

Diese kunstlosen winzigen Votivplastiken scheinen die einzigen Darstellungen der Menschen zu sein, die hinter den gewaltigen Schöpfungen der Tempelkultur standen.

Folgende Doppelseite:
Muttergottheit mit den kleinen Händen

Bevor die Erde als Muttergöttin,
als Fruchtbarkeitsgöttin angesehen wurde,
war sie durch eine unmittelbare Anschauung, Mutter, Tellus
Mater . . . Deshalb gibt es zwischen der Erde und ihren
Geschöpfen ein magisches Band der Sympathie.
Zusammen stellen sie ein System dar. Die unsichtbaren
Fäden, welche das Pflanzen- und Tierreich und die
Menschen einer bestimmten Gegend mit
dem Boden verbinden, der sie hervorgebracht hat, sie trägt
und ernährt, werden von dem Leben gewebt, das
in der Mutter wie in ihren Geschöpfen
schlägt. Die Verbundenheit zwischen dem Tellurischen
einerseits, dem Pflanzlichen, Tierischen, Menschlichen
andererseits beruht auf dem Leben, das überall
dasselbe ist. Es ist eine Einheit biologischer
Ordnung. Sobald irgendeine Erscheinung dieses Lebens
unrein oder unfruchtbar geworden ist, sind alle
anderen berührt, da sie organisch
miteinander verbunden sind.

Mircea Eliade

Die Erde ist »lebendig«, vor allem, weil sie
fruchtbar ist. Alles, was aus der Erde kommt, ist dem
Leben geweiht, und alles, was in sie zurückkehrt,
soll aufs neue leben. Die Zweiheit *homo – humus* darf nicht
so verstanden werden, daß der Mensch Erde
sei, weil er sterblich ist, sondern in einem anderen
Sinn: der Mensch kann leben, weil er aus der Erde kommt,
weil er von der Terra Mater geboren ist
und zu ihr zurückkehrt.

Mircea Eliade

Kultfigur der Muttergottheit

Es ist unwichtig geworden,
über »Sinn« und »Bedeutung« der Zeichen,
ihren instrumentellen Charakter, ihren totalen Verweisungs-
zusammenhang weiter nachzudenken. Dagegen
wäre es an der Zeit, eine Rückreise in die
»Genealogie« zu unternehmen, um jenes »Materielle« der
Zeichen, das die hinterlassenen Spuren einer
Einschreibung trägt, freizulegen.
Wenn Zeichen Narben sind, dann werden die Wunden
Auskunft geben über eine ungelöschte
Vorgeschichte.

DIETMAR KAMPER

Das Material einer derart grausamen
Erinnerungsarbeit, die durchweg auf abstrakte
Muster, auf Male, Kerben, Einschnitte setzt, ist zunächst der
menschliche Körper, die Oberfläche der Haut,
auf der sich die Mnemotechnik gleichsam mimetisch
inkorporiert. Aber es gibt von Anfang an
Substitute für die Aufzeichnung, die zum Weiterschreiben
dienen: die »Haut« der Dinge, die »Haut« der
Pflanzen und Tiere, die »Haut« der Häuser, außen
und innen, die »Haut« der Erde.

DIETMAR KAMPER

Am Halsansatz
ein Loch zur Befestigung des Kopfes

Rückansicht der Terrakottafigur

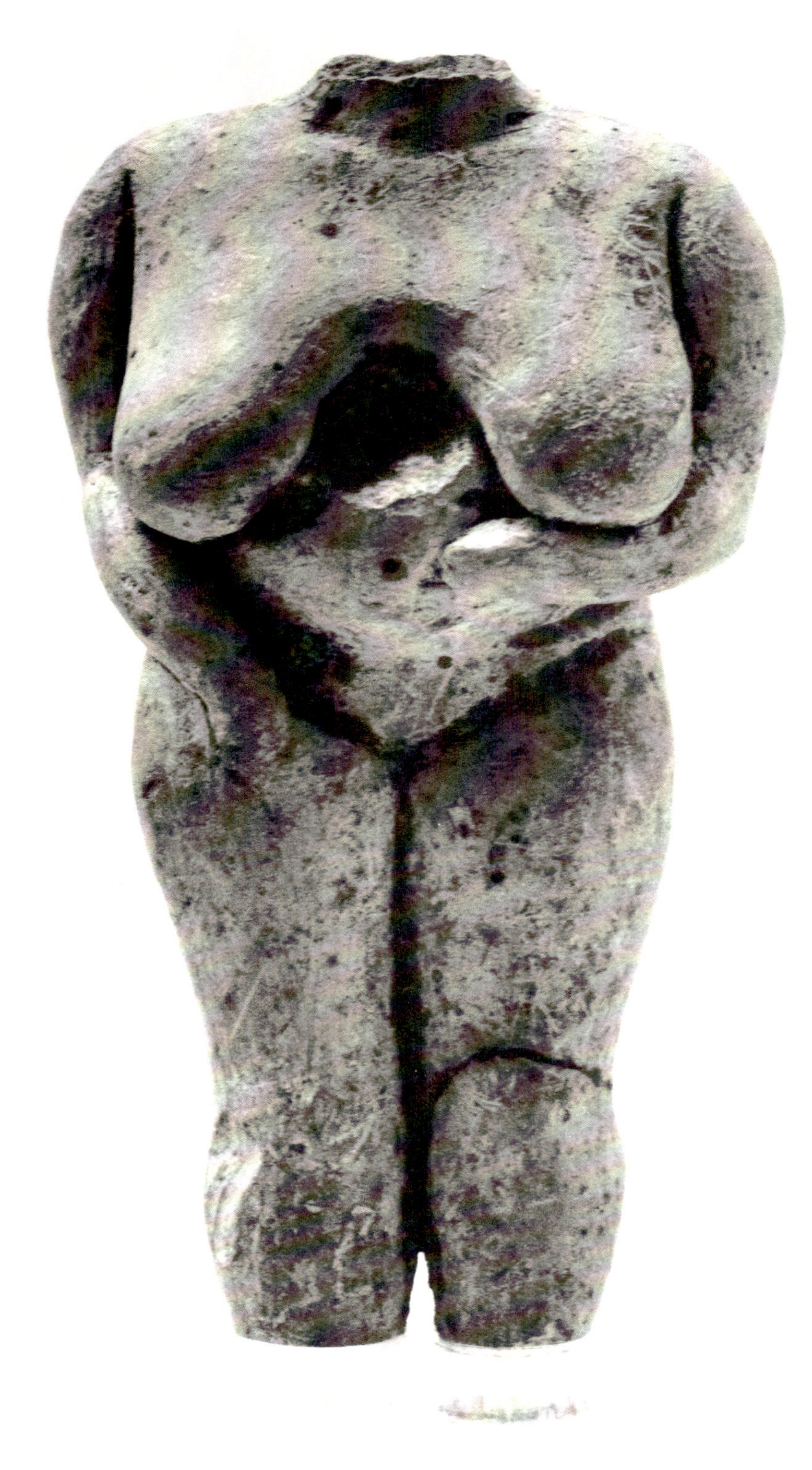

Vorderansicht der »Venus von Malta«
(12,7 cm hoch)

Fragment
einer weiblichen Statuette

Alabasterfigürchen der Erdmutter
(6,4 cm hoch)

Kalksteinidol der Großen Mutter

Fragment einer anthropomorphen Stele aus einem Grab von Żebbuġ.
Das älteste Menschenbildnis der Insel (19,6 cm hoch).

Dreifaches Phallussymbol
aus Hal Tarxien

Sogenannter Priester mit Zottenrock.
Tonstatue aus Hal Tarxien.

Nahezu lebensgroßer Kopf einer Kalksteinstatue
aus der Ġgantija

Köpfchen
einer weiblichen Terrakottastatuette

Votivköpfchen mit Zopffrisur aus Hal Tarxien
(4,5 cm hoch)

Votivköpfchen. Die Kaffeebohnenaugen
erinnern an frühe vorderasiatische Darstellungen.

Alabasteramulett aus Hal Saflieni
(6,4 cm hoch)

Aus einem Stalaktiten geschnitztes Köpfchen
(2,5 cm hoch) auf einem Kalksteinbrocken aus Hal Tarxien

Darstellung eines Tempels auf einer
Wandplatte des mittleren Heiligtums der Mnajdra

VIERTES KAPITEL

DIE MNAJDRA

Der erste Tempel der Ġgantija stand bereits auf Gozo, als über der steilen Südküste von Malta ein neues religiöses Zentrum geschaffen wurde, eine heilige Zone, in der innerhalb einiger Jahrhunderte mehrere bedeutende Sanktuarien errichtet wurden. Am Rande der Geröllabstürze zum Meer liegen die Ruinen der drei Mnajdra-Tempel in einer Mulde. Weiter oben thront Haġar Qim. Von einem fünften Bau blieben nur Spuren. Vielleicht begann in diesem Bereich die Hochblüte der vorgeschichtlichen sakralen Baukunst auf den Inseln zugleich mit einer Erweiterung der Aufgaben der Tempel, die von Opfer- auch zu Orakelstätten wurden.

Der Anfang des Mnajdra-Komplexes war ein kleines Heiligtum in Kleeblattform aus der zweiten Hälfte des vierten Jahrtausends. Nur die Megalithen seines dreifachen Tores und der mittleren Apsis stehen noch. Die Umfassungsmauer ist eine moderne Rekonstruktion. Später wurde tiefer unten ein Sanktuarium erbaut, das im Grundriß und den Maßen ungefähr dem Nordtempel der Ġgantija entsprach.

Der jüngste und größte Tempel füllt den Raum zwischen den beiden älteren.

Die Mnajdra, deren zerklüftete Mauern vor dem grenzenlosen Hintergrund von See und Himmel aus einer leeren, harten Steinlandschaft wachsen, hat wie keine andere der oberirdischen Kultstätten das Fluidum eines Ortes uralter mystischer Erfahrungen bewahrt. Das unterste Heiligtum war sicher das wichtigste. Von weitem wirkt es kaum mehr wie Menschenwerk. Der salzige Wind hat die Korallenkalkblöcke der halbrunden Fassade zerfurcht und aufgerauht, sie in rohe Felsbrocken zurückverwandelt. Hinter dem Torweg aus wuchtigen Megalithen aber liegt das schöne, sorgfältig konstruierte vordere Oval des Tempels, für das nur Globigerinen-Kalkstein verwendet wurde. Auf den genau aneinander gefügten mannshohen Orthostaten der Apsiden liegen noch mehrere Reihen vorkragender Quadern. Die meisten Elemente der Kulteinrichtungen sind intakt und von einem Netz kleiner Löcher übersponnen. Einstmals verzauberte diese eigenartige Verzierung die schweren Blöcke und Platten in bunte Kulissen. Die Löcher waren mit einer weißen Substanz gefüllt, die Flächen rot bemalt.

In die Rückwand der linken Apsis wurde ein monumentaler Zugang in das Allerheiligste eingebaut. Zwei trapezoide Stelen bewachen ein prächtiges Trilithon über einer Türlochplatte. Dahinter befindet sich die linke rückwärtige Apsis mit verschiedenen Altären in Nischen.

Zwischen dem Außenwall und der Wand der rechten vorderen Apsis verbirgt sich ein zweiter Kultraum mit Trilithon, Türlochplatte und einem Altartisch in einer Nische. Eine viereckige Lücke in der Mauer könnte ein Sprachrohr nach dem Tempelinneren vorstellen. Deutlicher für eine Art Orakel spricht eine benachbarte kleine Kammer, die nur von außen betreten werden konnte und ebenfalls eine Lücke an der Innenseite besitzt. Warteten dort die Gläubigen im Dunkel auf eine Stimme, ein göttliches Zeichen?

Der zuletzt errichtete Tempel mit vier Apsiden und einer gedeckten Mittelnische steht auf einer künstlichen Terrasse. Eine riesenhafte Türlochplatte bildete den Eingang.

Auf einem Steinblock im Durchgang zum zweiten Oval wurde die Front eines Tempels eingraviert, ein kleines Abbild der mächtigen Fassaden der letzten Heiligtümer.

Folgende Doppelseite:
Die Hochfläche über der Südwestküste Maltas

Teil der Fassade des
Südtempels der Mnajdra mit der Steinbank

Im Südtempel der Mnajdra.
Blick zum Trilithenportal und zum Eingang des Orakelraums.

Hauptdurchgang des mittleren Tempels.
Im Hintergrund das Fragment der einstigen Türlochplatte.

Der monumentale Eingang zum Allerheiligsten
mit Lochverzierungen

Der Gott, so war der Glaube, fährt in den
irdischen Leib oder die Seele der Priesterin, von ihrem
Leibe »gelöst«, vernimmt sie mit Geistersinn
die göttlichen Offenbarungen. Was sie
dann »mit rasendem Munde« verkündigt,
das spricht aus ihr der Gott . . .

Erwin Rohde

In der Ekstasis, der Befreiung
der Seele aus der beengenden Haft des Leibes,
ihrer Gemeinschaft mit dem Gotte, wachsen ihr Kräfte zu,
von denen sie im Tagesleben und
durch den Leib gehemmt nichts weiß. Wie sie jetzt
frei als Geist mit Geistern verkehrt, so
vermag sie auch, von der Zeitlichkeit befreit, zu sehen,
was nur Geisteraugen erkennen, das zeitlich
und örtlich Entfernte.

Erwin Rohde

Im Innern des Orakelraums.
Am Türrahmen Ringlöcher zum Festbinden von Opfertieren.

Im Mitteltempel der Mnajdra

Jenseits des Mittelhofes eine der Apsiden
mit besonders exakt und regelmäßig gefügten Orthostaten

Die Ruinen der Mnajdra

Küstenformation
in der Nähe der Blauen Grotte

Die Steilküste
im Südwesten Maltas

Megalithen von Ħaġar Qim

Fünftes Kapitel

Haġar Qim

Der Anblick der Haġar Qim, deren Name »Steine des Gebetes« bedeutet, ist noch heute atembenehmend. Ihre sanft geschwungene Fassade aus honigfarbenem Globigerinen-Kalk steht vier Meter hoch ungebrochen im Hintergrund eines großflächig gepflasterten Vorplatzes. Je ein Paar mächtiger Steinquadrate rahmt das tiefe Tor. An beiden Seiten wird die Front, die von der üblichen Bank begleitet ist, von einer gigantischen Platte begrenzt. Von ihrem Aufbau, der einmal sicher sechs bis acht Meter aufragte, blieben nur zwei Reihen langer Quadern. Als einziger aller Megalithtempel wurde dieser ganz aus dem prächtigen Globigerinen-Kalk errichtet, der hier oben ansteht.

An der windgepeitschten Seeseite sind die Riesensteine der Umfassungsmauer zu bizarren Figuren verwittert oder zu Stümpfen abgeschliffen. An der geschützten Nordostseite ist der Wall, zu dem ein sieben Meter langer, fast drei Meter hoher Block gehört, besser erhalten. Das Innere des Heiligtums wurde im Lauf der Jahrhunderte durch Neu- und Umbauten zu einem chaotisch wirkenden Konglomerat elliptischer Hallen, kleiner Kammern, Höfe und Durchgänge. Hinter dem Hauptportal liegt das einzige vollständige Querschiff. Seine beiden Apsiden wurden durch riesenhafte Türlochplatten, deren Öffnungen noch durch Sperrbalken verriegelt werden konnten, verschlossen. Im Winkel vor der linken fand sich der berühmte Altar in Pfeilerform, auf dessen vier Seiten Zweige, die aus einem Topf wachsen, vielleicht Symbole des Lebensbaumes, in feinem Relief ausgemeißelt sind. Er trägt einen schüsselähnlichen Aufsatz. Die rotgefärbten Flächen wurden mit dem Wabenmuster verziert, das auch in diesem Tempel vielfach vorkommt. Vor dem Altar lagen fünf weibliche Statuetten.
Vom zweiten Querschiff ist nur die rechte Apsis vorhanden, die wahrscheinlich der Befragung eines Orakels diente. Ein Ring kleiner Platten verwandelte den Raum in das Innere eines magischen Kreises, in dem man die Botschaft der Gottheit erwartete. Das Sprachrohr war eine Öffnung in der Rückwand, die mit einer verborgenen Zelle in der Doppelmauer kommunizierte. Ein benachbarter Schrein im Außenwall enthält einen zylindrischen Stein, vor dem eine trapezförmige Platte umgekehrt aufgestellt wurde. D. H. Trump denkt an Sinnbilder des göttlichen Paares. Kultische Bedeutung hatte vielleicht auch ein viereinhalb Meter langer Menhir an der Außenwand der Apsis.

Anstatt der zweiten Apsis gibt es einen breiten Durchgang mit Pfeilernischen an der linken Seite, der zu vier ovalen Sälen führt. Im ersten steht noch ein Baetyl, ein Kultstein. An der rechten Seite des Korridors befindet sich eine sakrale Zone mit Kammern und Altären und dem fast zehn Meter weiten vierten Saal. Eine monumentale Pforte, vor der zwei pilzähnliche Altäre stehen, bildet den Zugang.

1954 brachten Ausgrabungen in diesem Bereich eine Anzahl Statuetten ans Licht, darunter die fast einen halben Meter hohe Kalksteinfigur der geschlechtslosen Gottheit. Ein Tor, das genau in der Achse des Hauptportales liegt, ersetzt die Mittelnische des rückwärtigen Querschiffes. Außer wenigen Bauresten eines vermutlichen Priesterquartiers fanden sich in der Nähe der Haġar Qim keine Wohnspuren. Noch heute in Gebrauch sind aber mehrere riesenhafte Zisternen im felsigen Hügelkamm hinter der Mnajdra, die einstmals für die Wasserversorgung der beiden Tempelkomplexe angelegt wurden.

Folgende Doppelseite:
Die Fassade und ein Teil der Außenmauer

Eingang in den Tempel

Der mächtige Torbau

Die Härte, Sauberkeit und
Unveränderlichkeit der Materie ist für das
religiöse Bewußtsein des Primitiven eine Hierophanie.
Nichts ist edler und erschreckender als ein
majestätischer Felsen, ein kühn sich erhebender
Granitblock, nichts ist so unmittelbar und so autonom in der
Fülle seiner »Macht«. Der »Stein« *ist* vor allem.
Er bleibt immer derselbe und er hat Bestand ... Ein Felsen
offenbart dem Menschen ein Etwas, das die brüchige
Existenz des Menschen transzendiert:
eine absolute Seinsweise. Seine Widerstandskraft, seine
Trägheit, seine Verhältnisse, seine seltsamen
Konturen sind etwas Unmenschliches: es ist da gegenwärtig,
was verblüfft, erschreckt, anzieht und droht.
Der Mensch begegnet in der Größe, Härte, Gestalt
oder Farbe des Steins einer Realität und Macht,
die einer *anderen* als der profanen Welt,
deren Teil er ist, angehört.

Man kann eigentlich nicht sagen, daß
die Menschen jemals Steine »als Steine« verehrt hätten.
Die Devotion des Primitiven bezieht sich immer
auf etwas anderes als das, was der Stein ist und ausdrückt.
Ein Felsen, ein Kiesel ist Gegenstand ehrfurchtsvoller
Verehrung, weil er *irgend etwas* repräsentiert
oder nachahmt, weil er *irgendwoher* kommt. Seine heilige
Bedeutung beruht nur auf diesem *Irgendetwas* oder
diesem *Irgendwoher.* Die Menschen verehrten
Steine nur, insoweit sie *etwas anderes* als sie selbst waren.
Steine wurden verehrt oder benützt als
Mittel spirituellen Handelns, als Kraftzentrum zur
eigenen Verteidigung oder der der Toten.

MIRCEA ELIADE

Verwitterter Block
aus Globigerinen-Kalk

Pfeilernischen mit Altar

Seitlicher Saal mit kleiner Kultsäule.
Hinter der Apsis Megalithen der Außenmauer.

Rechte rückwärtige Apsis
mit Steinkreis und Orakelloch

Pilzförmiger Altar
mit durchlöcherter Stütze

Kultkammer mit Altären

Wandsteine einer Kultkammer

Versperrbare Türlochplatte
der vorderen linken Apsis

Nordansicht des Tempels
mit dem Riesenmenhir

Spiralgeschmückter Altarblock
mit Resten der ursprünglichen Lochverzierung

SECHSTES KAPITEL

HAL TARXIEN

Keiner der Megalithtempel des maltesischen Archipels gibt so viele Rätsel auf und hat gleichzeitig so aufschlußreiche Funde geliefert wie Hal Tarxien. Die dramatische Entdeckung des Urnenfriedhofes warf erstmalig einen grellen Lichtstrahl in das Dunkel der maltesischen Urgeschichte; die verstümmelte Riesenstatue der Magna Mater enthüllte sie als Hauptgottheit der Inseln; verschlüsselte Hinweise in den Tempelanlagen deuten auf die absolute Macht einer Theokratie, die sich zunehmend vom Volk entfernte, schattenhafte Spuren lassen Verbindungen zum Nahen Osten ahnen. Auch die Zeugnisse einer Brandkatastrophe im Mitteltempel sind noch von rötlich gefärbten Blöcken abzulesen und ein Beweis für die Verwendung von brennbarem Material für dessen Überdachung. Nach diesem Brand wurde ein neuer Flur gelegt. Tarxien verdanken wir auch wichtige Erkenntnisse über die Techniken, die beim Bau der Riesentempel angewendet wurden. Die oft viele Tonnen schweren Megalithen wurden auf Steinkugeln fortbewegt, die sich noch in den Heiligtümern finden, und mit Hilfe von hölzernen Hebeln aufgerichtet. Im letzten der drei Ovale des Mitteltempels ist die linke Apsis besonders sorgfältig konstruiert, und es sieht aus, als wäre sie einstmals mit einem echten Gewölbe überdeckt gewesen. Der unterste Quader des Kuppelansatzes wurde hier nicht wie üblich leicht vorgeschoben, sondern an der Rückseite durch steinerne Keile etwas angehoben.

Die Annahme, daß der Tempelkomplex von Tarxien, der einmal viel ausgedehnter war, die Hochburg der Priesterschaft darstellte, hat manches für sich. Die einst über zwanzig Meter weite halbrunde Fassade des Südtempels, an deren Ausläufern zwei kleine Kapellen standen, von denen noch eine mächtige Bodenplatte mit Libationslöchern für Flüssigkeitsspenden erhalten blieb, übertraf vermutlich alle anderen an Höhe und Pracht. Es ist wahrscheinlich, daß sie dem kleinen Modell aus Hal Tarxien entsprach, das über sechs Reihen langer Quadern, welche den ausladenden oberen Teil der Front bilden, einen fast zierlichen Aufbau, eine Art Miniaturausgabe der Fassade, trägt. Zusammen mit dem zerbrochenen Modell der Tempelfassade wurde das Bruchstück eines Modells gefunden, das deutlich kein Heiligtum, sondern einen großen elliptischen Profanbau mit zahlreichen rechteckigen Räumen im Grundriß darstellt, der auf einem Sockel steht. Wohnte die Priesterschaft in einem solchen Gebäude, das mehr einem Kloster als einem Palast gleicht? Oder gab es einen Oberstock im Osttempel, dem dritten der großen Heiligtümer, das auffallend wenige Kulteinrichtungen enthält? Eine Treppe in der Mauer zwischen seiner linken vorderen Apsis und dem zweiten Oval des Mitteltempels, dem Allerheiligsten, ermöglichte das ungesehene Betreten der verbotenen Zone. An der rechten rückwärtigen Apsis des Osttempels gibt es wieder eine Orakelzelle, die nur von außen zugänglich, aber durch eine Luke und eine Durchbohrung in einer Wandplatte, die vielleicht als Tonverstärker wirkte, mit der Apsis verbunden ist.

Zu den Geheimnissen von Hal Tarxien gehört auch eine verschlossene Kammer neben dem Durchgang vom Süd- zum Mitteltempel. Auf zwei Blöcken sind je ein asiatisches Buckelrind in Hochrelief ausgemeißelt. Unterhalb eines Stieres von einem Meter Länge ist die sogenannte »Sau mit dreizehn säugenden Ferkeln« zu sehen, die eher einer Kuh gleicht.

Folgende Doppelseite: Rechte vordere Apsis mit dem unteren Teil der Kolossalstatue der Magna Mater

Rankenwerk auf einem Altarstein

Okulusspiralen als abwehrendes Augenpaar
der Gottheit auf der Schranke vor der verbotenen Tempelzone

Die Spirale ist nicht nur eine
menschliche Urgebärde, sondern als Bewegung
ein Urgeschehnis, an dem man teilnimmt . . . Sehr tief mag
im Menschen der Grund zu jener Bewegung liegen.
Denn was ist es, was er durch sie in Tanz
und Zeichnung unwillkürlich ausdrückt? Eigentlich
dasselbe, was im Lebewesen das Keimplasma
bewirkt: die Unendlichkeit des Lebens in der Sterblichkeit
selbst. Man glaubt heute zu wissen – jene
archaischen Künstler und Tänzer ahnten es nicht –,
daß im Keim und Samen spiralische
Bildungen die Unsterblichkeit tragen. Vielleicht sind wir
damit bis zum Kern des Geheimnisses: dem
Zusammenhang von Leben und Geist, sichtbarer
Erscheinung und unsichtbarem Innen-Sein vorgedrungen.
Die gezeichneten und getanzten Spiralen
bedeuten die Fortsetzung des Lebens der Sterbewesen
über ihren allmählichen Tod hinaus: was im
Plasma *Funktion* ist, genau dasselbe ist hier der *Sinn.*
Diese in allerinnersten Tiefen erlebte
Unsterblichkeit ist ein Aspekt des Seins, eine Wirklichkeit,
die als mythologische Idee in Erzählungen,
kultischen und künstlerischen Darstellungen vergegen-
wärtigt wird. Am objektivsten läßt sie sich aber
doch durch eine Spirallinie ausdrücken; als die Unendlichkeit der sich wiederholenden Reihenfolge
Leben – Tod – Leben. Eine Idee wie diese muß nicht
notwendigerweise in gedanklicher Klarheit
erscheinen, mußte sich nicht einmal zu einem Mythologem
gestalten. Sie konnte auch nur getanzt oder
gezeichnet werden. Aber die Linie und das stumme
mythologische Bild vermag dieselbe
Urwirklichkeit auch dann noch zu evozieren, wenn
man längst gewohnt ist, Derartiges
philosophisch zu fassen.

Karl Kerényi

Eine der beiden spiralgeschmückten Platten,
die den Eingang zum geheimen Bereich der mittleren Apsiden flankieren

Altarblock mit Reliefdarstellung
von Opfertieren

Sonnensymbol
auf lochverzierter Platte

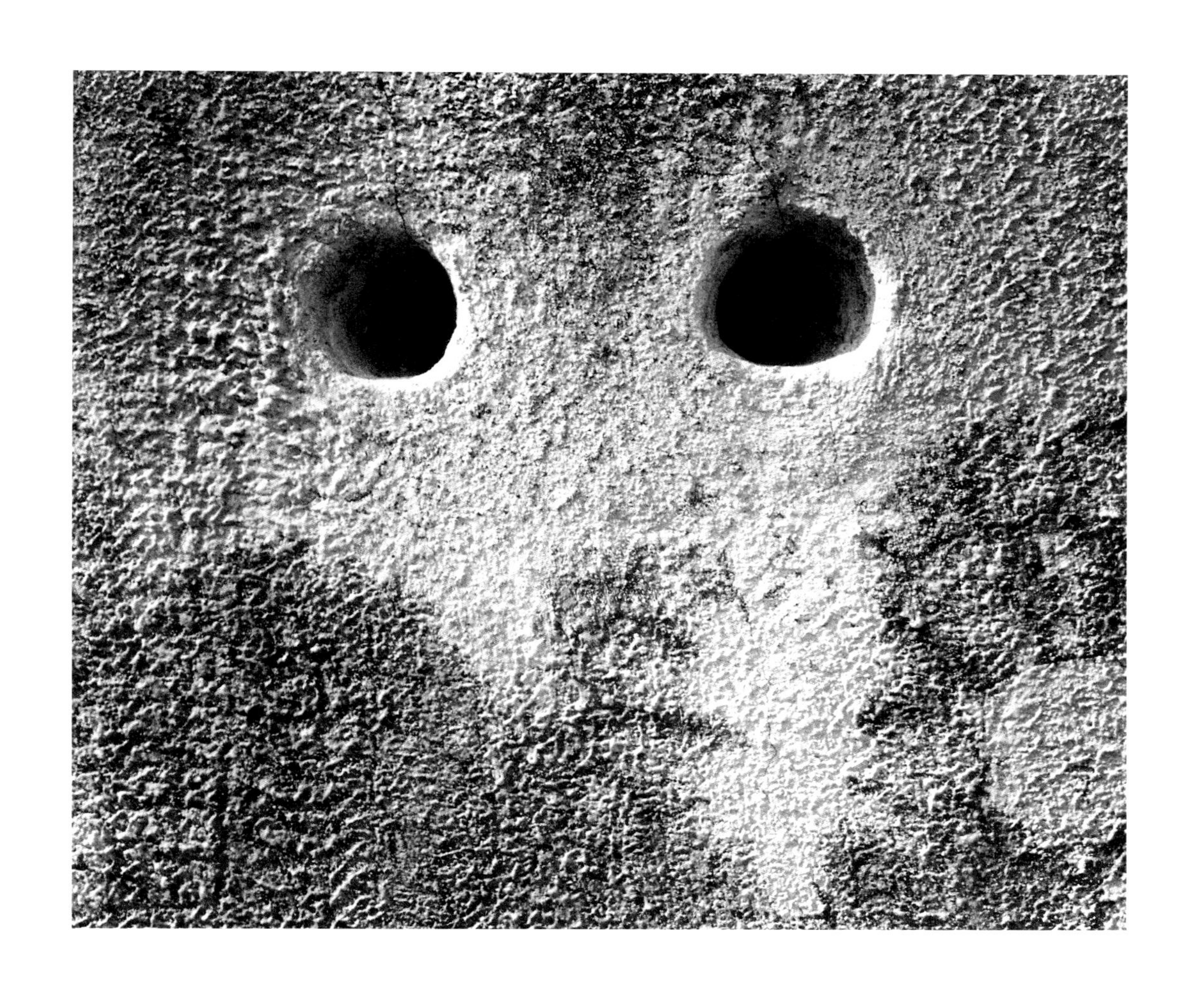

Ringloch zum Festbinden
von Opfertieren

Blick auf die Westküste Maltas

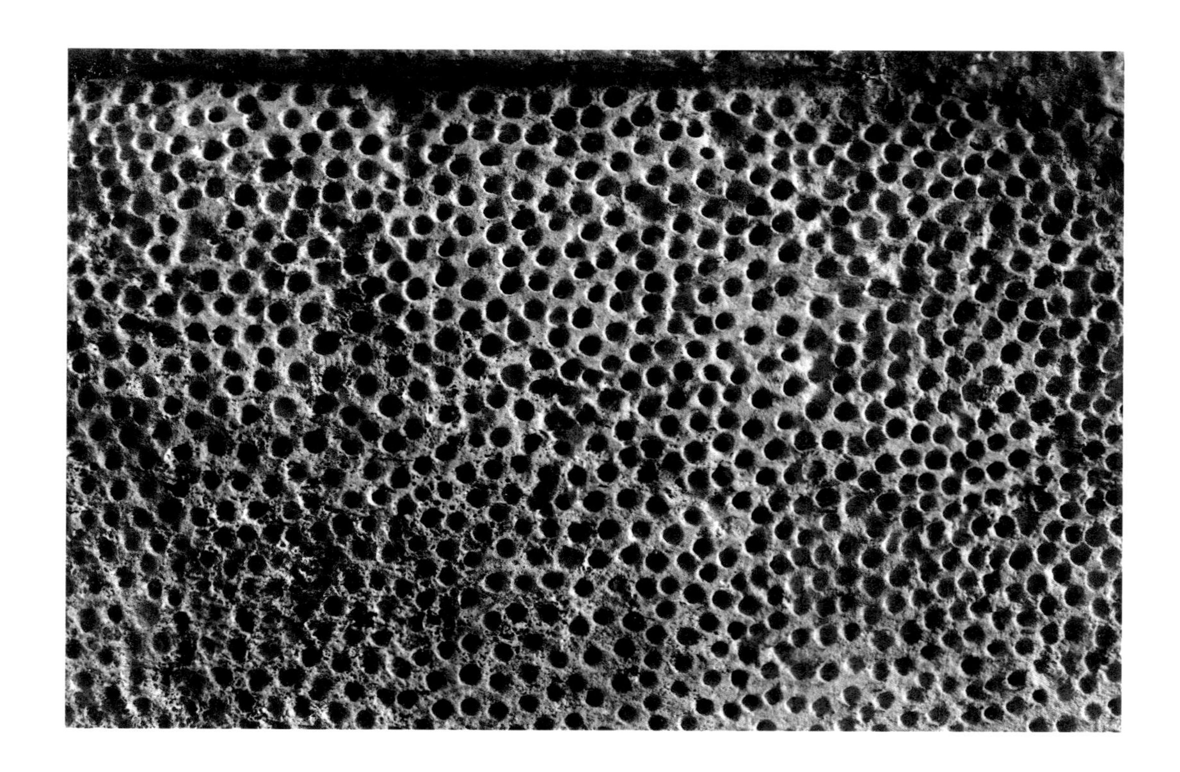

Steinblock mit Lochmuster

Sigrid Neubert

STEIN ZEIT RAUM ZEICHEN

Meine ersten Fotos der Tempel von Malta und Gozo sind ohne Plan für ein Buch entstanden. Zunächst war ich einfach nur fasziniert von den Riesenbauten aus Stein. So fuhr ich immer wieder dorthin. Entscheidend für eine nähere Beschäftigung mit den megalithischen Monumenten des Archipels war ein Besuch im archäologischen Museum von Valletta. Ich sah die Gestalten, die Gesichter und Zeichen in Stein, Grabungsfunde aus einer längst vergangenen Zeit.

Fotos dokumentieren, sie bringen das Vorhandene, das Sichtbare ins Bild. In seltenen Augenblicken hoher Aufmerksamkeit und Bezogenheit kann die Kamera tiefer eindringen, sie wird zur Sonde. Der Raum scheint lebendig zu werden, beginnt zu erzählen.

Ich habe versucht, Sonnenlicht ganz zu vermeiden. Ich wollte keine harten Schatten, keine plastischen Aufregungen. Ein weiches Abbild der Mauern, Räume und Gestalten in den Grauabstufungen der Schwarz-Weiß-Fotografie schien mir angemessen. Die farbige Beschreibung der Realität sagt: »So ist es« und legt mich darauf fest. Ich bleibe draußen und fange nicht an mit fragendem Denken.
Die schwarz-weißen Aufnahmen lassen Raum für meine eigenen erinnerten und geträumten Bilder, die die Farben meiner Sinne haben. Mein Blick kann nur eine Seite sehen, ich kann nur meine Bilder empfangen.
Die Tempel betreten heißt ganz umschlossen werden von Raum. Es drängt mich, weiterzugehen, über eine Schwelle, in den nächsten Raum. Schon der Eingang ist heftig markiert, die Steinblöcke sind besonders groß und so nah zueinander gestellt, daß ich wie durch einen Gang hindurchgehe, um dann die weite Eröffnung des langgestreckten Feldes zu erleben. Hohe Steinmauern umfangen den Raum, zwei Halbkreisbogen stehen einander gegenüber. Die Kreisform der Höhlengräber ist erweitert zum ovalen Rund: ein Haus für die Lebenden.

Der Mensch der Megalithzeit verehrte die Erde. Sie ist ihm lebendiges, atmendes, antwortendes Wesen, beseelt von unsichtbaren Kräften, die alles durchdringen. Wie ein großer pulsierender Organismus umfängt ihn die Natur. Er nimmt mit allen Sinnen ihre strömenden Energien wahr und beobachtet, daß deren Stärke abhängig ist vom Lauf des Tages, dem Stand des Mondes, von den Jahreszeiten und dem Fluß kosmischer Energien. Wie Tiere und Pflanzen spürt der Mensch jener Zeit den Verlauf der erdmagnetischen Feldlinien. Sie sind Ebenbild seiner eigenen, in ihm wirkenden Kräfte und Hilfe bei der Orientierung in der Weite des Raums.

Die übereinandergelagerten Gesteinsschichten der Inseln Gozo und Malta sind sehr verschieden in ihrer Struktur: Da ist zuerst der korallinische Kalkstein, rot oder grau-weiß und hart, der Witterung ausgesetzt. Er ist oftmals kristallinisch. Darunter liegen Grünsandstein und eine Schicht blauen Lehms. Es folgt der Globigerinen-Kalkstein, tiefgelb und weich; er besteht fast ausschließlich aus winzigen Teilen von Molluskengehäusen. Nochmals finden wir korallinischen Kalkstein, der weit in die Tiefe des

Meeres hinabreicht. Die Wasser durchdringen seine zahlreichen Gehäuse, Spalten und Höhlen. Ein unterirdischer Körper entsteht, gleich einem großen kristallenen Schwamm. Er ordnet die Bewegungen des Wassers, leitet und verstärkt den Fluß der dabei entstehenden, schwachen Energie.

Die Mauern der Tempel scheinen dem Verlauf der Wellen- und Spiralbewegungen zu folgen. Das Rund des Raumes konzentriert, zentriert sie. Noch sechstausend Jahre später spüren wir: dies sind lebendige Gehäuse. Sie sind gebaute Entsprechung der kosmisch-irdischen Einheit, Sinnbild der ersehnten Verbindung von Himmel und Erde. Der Mensch stellt sie dar, ahmt sie nach in Kuppel und Mauer.

In den Räumen war Klang: Hall, Nachhall und Widerhall. Von den Mauern vielfach verstärkt und in den Brennpunkten zentriert, traf er den Menschen tief in seinem Unbewußten. Sein Körper wurde zum mitschwingenden Echo. Es mögen Resonanzräume gewesen sein, die heilende Wirkung besaßen.

Der Mensch der frühen Steinzeit ist noch harmonisch eingebunden in die Kontinuität der ihn umgebenden Natur. Alle Vorgänge, sichtbare und unsichtbare, sind für ihn miteinander verknüpft. Er ist aufgehoben im Rhythmus ewiger Wiederkehr. »Das Unermeßliche ist für ihn das Wirkliche« (Gregory Bateson).

Mit dem Aufrichten der Steine beginnt der Mensch sich aus der unpersönlichen Ordnung der Natur zu lösen. Er sucht eine neue, menschenbezogene Ordnung. Seine Anstrengungen scheinen sich nun aufs Bauen zu richten. Riesensteine schichtet er auf zu neuen Raumstrukturen. Er setzt Mauern in die Landschaft, zieht Grenzen. Er richtet sich selbst auf und greift ein. Der Mensch macht sich zum Maß der Dinge.

Die Tempel von Malta sind Zeugen dieses Übergangs. Noch ist die Formensprache rund, dem Werden und Vergehen verbunden. Keiner der Räume ist rechtwinklig. Gleichmäßig fließende, langgezogene weiche Kurven umschwingen den Raum. Selbst die großen Steinplatten sind gerundet. Schönheit und Maß beleben die Gesichter und Gestalten in Stein.

Korallenstock
von der Küste Maltas

Es ist ein langer Abschied von der Erde, die Vertreibung aus dem Paradies. Früher markierte ein Fels oder ein Hügel in der Landschaft die heilige Verbindung zwischen Himmel und Erde. Nun setzt der Mensch selbst diese Merk- und Wahrzeichen: aufstrebende Ich-Zeichen, Signale der Angst vor dem unaufhebbaren Widerstreit der Ordnungen. Der Mensch spürt, daß er seine Sehnsucht nach Ganzheit und Unteilbarkeit verrät. Die Steine sollen bannen und die nicht durchschauten Mächte der Natur miteinander versöhnen.

Altar mit Lebensbaummotiv
aus Hagar Qim

Es beginnt die Freude am Erkennen und Erforschen der Welt. Der männliche Geist breitet sich aus mit seinem Wissen und befreit sich aus der Bedrohung durch die Natur. Die neuen Instrumente seiner Wissenschaft verleihen ihm Macht und Sicherheit.

Unsere vormythische Vergangenheit liegt im Dunkel. Es gibt kein Erzählen, nichts steht geschrieben. Geblieben sind nur die Zeichen in Stein: die Kreise, Spiralen, Lochkerbungen, die runden Gestalten. Sie sind die einzigen verschlüsselten Mitteilungen einer Welt der Erscheinungen: Sonne, Mond und Sterne, die Erde, Wind und Wasser, Stein, Baum und Tier. In dieser Allverwandtschaft fühlte sich der Mensch aufgehoben. Doch in der Natur ist nichts vorhersagbar, es ist ein lebendiges Geschehen, in dem es Ordnung und Dauer nur im Wechsel mit Chaos und Veränderung gibt. Dieses Verwobensein im Immer-wieder-Neuen läßt sein beobachtendes Auge nach Ordnungen suchen, nach Übereinstimmungen in Form und Bewegung, nach Ähnlichkeiten und rhythmischen Wiederholungen. Solche Wahrnehmungen verleihen ihm Sicherheit. Sie zu beschwören, formt und bildet er sie in Stein.

Im archäologischen Museum von Valletta haben sich mir fünf Bilder tief eingeprägt:

Die kleine Träumende, auch »Schlafende Dame« genannt, gefunden in den Höhlen des Hypogäums, ruhend auf dem Mond-Boot im dunklen Meer des Unendlichen.

Die Gesichter, die der Ferne nahe sind.

Die kleinen Hände der Gestalten, die eine Hand ruht auf der Mitte des Körpers, die andere weist zur Erde.

Die beiden großen Steinplatten aus Tarxien mit Doppelspiralen und dem Kreis in der Mitte.

Und die rhythmischen Lochstrukturen.

Wie Bienenwaben überziehen diese Lochstrukturen die Steine des Eingangs, der Schwelle, des Altars und des Throns. Sie heben die Steine hervor, geben ihnen Bedeutung. Ich kann nicht glauben, daß sie nur Ornamente sind, wie es in manchen Büchern steht.

Wie sehr diese Muster Waben gleichen, bestätigte der erstaunte Ausruf des Bienenforschers Martin Lindauer: »Das sieht ja aus wie Wildbienenwaben!« Ich erzählte ihm von den Inseln und meiner Vermutung, daß die Menschen der Vorzeit überall dort ihre heiligen Plätze einrichteten, wo es auch Bienen gab. Gesichertes Wissen ist heute, daß Biene und Mensch sich von ihrem Magnetsinn leiten lassen. Sie besitzen ein drittes Auge, den gleichen Kompaß, um die Zentren erdmagnetischer Felder zu finden und dort in der Nähe von Quellen und über Felsspalten ihre Häuser zu bauen.

Seit frühesten Zeiten, in Mythen und in der Dichtung beschrieben, ist die Biene ein heiliges

Tier, Symbol wunderbarer Fähigkeiten, Symbol des verlorenen Paradieses, der Inseln der Seligen. Bienen zu töten war Sünde, sie waren die Boten der Götter. Man schrieb ihnen seherische Fähigkeiten zu. »Wahrsagerinnen kosteten frischen Honig, und es erfaßte sie Begeisterung.« Honig wurde den Toten mitgegeben, die Biene war Symbol der Geburt.

Das Verhalten der Bienen zeigt ein kosmisches Prinzip. Es steht in ständiger Wechselbeziehung zu den Energien der Erde – dem Magnetfeld, der Schwerkraft – und dem Lauf der Himmelskörper. Ihre Körpersprache ist rhythmischer Tanz mit den Elementen.

Der Bienenstaat mit seiner Bienenkönigin und dem rätselvollen Ineinandergreifen von Arbeit, Bestimmtsein und Tod mag Gleichnis gewesen sein für das Priesterinnen-Königinnen-Gemeinwesen der Megalithkultur. Priesterinnen hießen später in der griechischen Mythologie Melissen. Demeter ließ aus dem Körper ihrer Priesterinnen Bienen entstehen. Melite wurde das Heiligtum von Herakles genannt, und auf Malta gibt es noch heute eine »Melieha-Bucht«.

Ich suchte weiter nach dem verborgenen Sinn der »Bienenwaben« in Stein. Dabei entdeckte ich bei einer Fahrt mit dem Boot zur Blauen Grotte im Westen der Insel Malta die gleichen Lochstrukturen im hoch aufragenden korallinischen Felsgestein. Leider ist mir im schwankenden Boot kein Foto gelungen; das Bild eines versteinerten Korallenstocks aus dem naturkundlichen Museum der Insel kann es jedoch ersetzen.

Ein Blick in das nächtliche Himmelsgewölbe – und wieder meine ich, jene rhythmischen Lochfelder zu sehen: die Sterne im Firmament.

Es braucht wenig Phantasie, um das immer gleiche Muster zu erkennen, das Bienenwabe, Korallenstock und gestirnten Himmel miteinander verbindet. Die intensive Bearbeitung des Steins mit ähnlichen Lochformen hebt seine Schwere und Härte auf, und macht auch ihn zum Gehäuse fürs Leben. Alle Handlungen der Menschen im Tempel wurden begleitet von

Lochmuster auf einem Altar
der Mnajdra

diesem rhythmischen Zeichen: das Draußen verlassen und eintreten in den Raum – die Schwelle überschreiten – Opfer darbringen, der Großen Mutter und allem lebendigen Geschehen.

Der Tanz der Bienen um eine unsichtbare Mitte gleicht der Spirale. Auch sie ist Zeichen einer Struktur des Ursprungs. In den Tempeln finden wir sie auf Steinen im Bereich des Eingangs, auf Altar und Schwelle. Häufig liegen verschiedene Spiralformen nebeneinander. Mein Blick ist immer wieder angezogen vom Bild der Doppelspirale. Wie mit Augen schaut sie mich an, hält mich fest, bannt mich. Ich finde sie in Tarxien auf einer Steinplatte, die den Zugang zum Allerheiligsten verwehrt. Es ist, als bewache und bewahre sie das unveränderliche Wissen vom ewigen Lebenskreislauf: Geburt und Tod

Das vieldeutige Spiralsymbol auf der zweiten Platte von Hal Tarxien

sind untrennbar miteinander verknüpft. Ich versuche, den Weg der Spirallinien zu begreifen. Ich zeichne die ausrollende Bewegung nach. Sie dreht sich um ihre Mitte, strebt von ihr fort in immer weiter werdendem Kreisen, Wachsen, Sich-Ausdehnen, ohne ihre Gestalt zu verlieren. Die einrollende Linie wiederum kommt von weither, sie sucht das Zentrum. In immer enger werdenden Kreisen umrundet sie die Mitte, sie ist auf sie ausgerichtet. Alle Kräfte sammeln sich, werden konzentriert. Auch diese Doppelbewegung ist Metapher für das Leben, für die Kräfte des Widerstreits, die es antreiben. Die Gegensätze bedingen sich, sie sind unaufhebbar, unvereinbar. Es ist ein rhythmischer Tanz um die Mitte. Aus ihr heraus, in sie hinein läuft der Lebensfaden.

Ich betrachte die Spiralen und sehe, daß die ausrollende Linie in jedem Augenblick ihren Bewegungsgrund verlassen kann. Sie muß ihre Kreise nicht einmal überschreiten, durchschneiden. Offen liegt das weite Feld des anziehenden Unbekannten, wie eine Aufforderung, etwas Eigenes zu wagen und die Bindung an die Form in Frage zu stellen. Auf allen Steinplatten finde ich das mögliche Verlassen der Mitte als Linie eingegraben: Gerade noch kreisend streckt sie sich linear aus, jagt hinaus in die Weite wie ein Pfeil, suchend erkennend, besitzergreifend, verletzbar – nie wird sie zurückkehren ins bergende Spiralrund.

Weist diese Bewegung auf unser Denken heute, auf die Sicht unserer fragmentierten Welt des Machens?

Das hohe Formempfinden der Megalith-Kultur scheint mir verständlich zu werden, wenn wir weiter im Bild der Doppelspirale bleiben. Die plastischen Formen sind ausgewogen, maßvoll sind die einfachen Proportionen. Die sanfte Schönheit der Linien spiegelt den ruhigen, gleichmäßigen Bewegungslauf der Spirale. Sie sind Inbild tiefer Verbundenheit und einer Ruheerfahrung aus der Kraft der Mitte, Quelle des Rhythmus: Tod ist Geburt – Geburt ist Tod. Konzentration ist Ausdehnung – Ausdehnung ist Konzentration. Befreiung ist Begrenzung – Begrenzung ist Befreiung. Ordnung enthält Chaos – Chaos enthält Ordnung.

Zu allen Zeiten versuchte der Mensch, die Zusammenhänge des Lebens zu erkennen und zu erklären. Seine ganze Aufmerksamkeit und schöpferische Energie brachte er auf, um in dem flüchtigen Dasein überdauernde Ordnungen und Strukturen wahrzunehmen. Nur so konnte er den gegebenen Realitäten antworten. Die Bewegungslinien der Spiralen in ihrem laufend sich verändernden Fortfließen scheinen mir einzigartig geeignet, um die Vielfalt, Anpassungsfähigkeit und Wiederholungskraft des Lebens in eine Formel zu bannen: in die Weisheitsform der Doppelspirale. Diese ist *eine* Spirale und deren

Spiegelbild. Sie sagt uns: Da ist kein Gegensatz, kein Widerstreit, *eine* Kraft ist es, in *einem* Richtungssinn. Alles ist Eines.

Ein Gedanke aus Gesprächen mit einem Physiker: Unter den Augen des experimentierenden Wissenschaftlers entsteht inmitten von ungeordnet turbulent strömenden Flüssigkeiten oder Gasen ohne erkennbaren Anlaß plötzlich und ganz präzise die Form der Doppelspirale. Sie bleibt eine kurze Zeit bestehen und verschwindet wieder in dem sie umgebenden wilden Durcheinander der Bewegungen. Der Physiker spricht von »Selbstorganisation des Chaos«. Könnte dieses Phänomen der Physik nicht ein Symbol für Werden und Vergehen einer Kultur inmitten der Natur sein?

Es hat ganz einfach angefangen. Ich nahm eine Kleinbildkamera, zwei Objektive, das Stativ, kleines Gepäck also nur. Beweglich und nicht beschwert fuhr ich los zu den Tempeln von Malta und Gozo, von denen ich nie zuvor etwas gehört hatte. Ein Freund schickte mich dorthin. Seit Jahren hatte ich vor allem Steine fotografiert, ihr Ausgesetztsein der Natur, der Zeit, den Menschen. Vor vier Jahren war ich zum ersten Mal auf Malta und Gozo. Ich kam dorthin ohne Absicht und Anspruch, den Überraschungen zugetan. Doch die Bilder wirkten weiter, ließen mich nicht mehr los, setzten sich fest.

Nun bin ich fast froh, daß ich mit dem Erscheinen des Buches wieder frei bin. Dem Fotografieren war das Lesen gefolgt: die Bilder umkreisen, sie einkreisen mit den Gedanken und dem Wissen anderer. Ich glaubte manchmal, Spuren zu finden, dem Mysterium dieser Bauten ganz nahe zu sein. Eine richtige Bibliothek hat sich vor mir aufgebaut. Ganz vorne in der Reihe der Bücher steht »Die Spur der Zyklopen« von Sibylle von Reden. Ihr danke ich meinen ersten Einblick in die Geheimnisse der Megalith-Kultur. Es war der Anfang einer langen Reise des Lesens. Die Zitate, die ich in die einzelnen Kapitel aufgenommen habe, markieren Stationen auf dem Weg zu jenen geheimnisvoll blühenden steinernen Gärten einer versunkenen Zeit.

Im Südtempel der Mnajdra

QUELLEN, ZEITTABELLE, KARTEN

Die Quellen der Zitate

Mircea Eliade: Die Religionen und das Heilige. Salzburg 1954.
Mircea Eliade: Das Heilige und das Profane. Vom Wesen des Religiösen. Frankfurt a. M. 1984.
Mircea Eliade: Kosmos und Geschichte. Der Mythos der ewigen Wiederkehr. Frankfurt a. M. 1984.
Norbert Elias: Über die Zeit. Arbeiten zur Wissenssoziologie, hrsg. von Michael Schröter. Frankfurt a.M. 1987.
Dietmar Kamper: Zur Soziologie der Imagination. München/Wien 1986.
Karl Kerényi: Labyrinth-Studien. Heft XV der Reihe Albae Vigiliae, unter Mitwirkung von S. Eitrem hrsg. von Karl Kerényi. Amsterdam/Leipzig 1941.
Elisabeth Lenk: Die unbewußte Gesellschaft. Über die mimetische Grundstruktur in der Literatur und im Traum. München 1983.
Erwin Rohde: Psyche. Seelenkult und Unsterblichkeitsglaube der Griechen. Tübingen 1925.

Bibliographie

B. Brea: Altsizilien. Köln 1959.
J. D. Evans: Malta. London 1960.
G. Lilliu: Malta. In: Frühe Randkulturen des Mittelmeerraumes. Baden-Baden 1968.
A. Mayr: Die Insel Malta im Altertum. München 1909.
M. Morana: Das Hypogäum. Ein Juwel des alten Malta. o.O., o.J.
S. v. Reden: Die Megalithkulturen. Köln 1978.
D. H. Trump: Skorba. Malta 1966.
D. H. Trump: Malta. An Archeological Guide. London 1972.
L. M. Ugolini: Origini della Civiltá Mediterranea. Rom 1934.
T. Zammit: Prehistoric Malta. The Tarxien Temples. Oxford 1930.

Periode	Fundort	Zeit (circa)
		5200 v. Chr.
Jungsteinzeit	Ghar Dalam	
		4600 v. Chr.
	Skorba grau	
		4400 v. Chr.
	Skorba rot	
		4100 v. Chr.
Steinkupfer-zeit	Gräber von Żebbuġ	
		3800 v. Chr.
	Mġarr	
		3600 v. Chr.
	Ġgantija	
		3200 v. Chr.
	Hal Saflieni	
		3000 v. Chr.
	Mnajdra Haġar Qim Hal Tarxien	
		2500 v. Chr.
Bronzezeit	Urnenfriedhof von Hal Tarxien	
		1500 v. Chr.

Mittels der Baumringchronologie geeichte Radiokarbondatierung

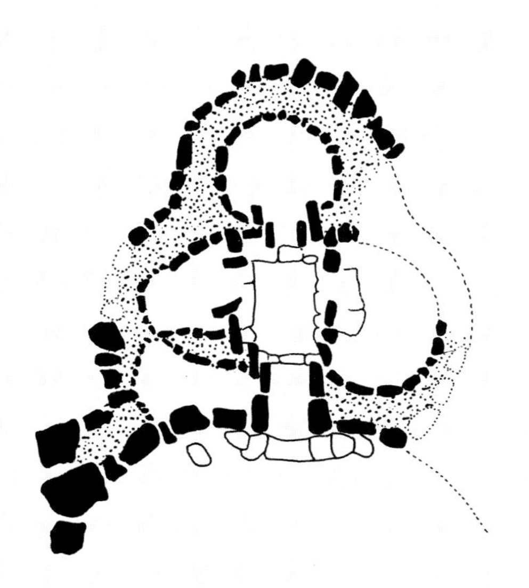

0 10 m

Ta'-Haġrat-Tempel von Mġarr
(3800–3600 v. Chr.)

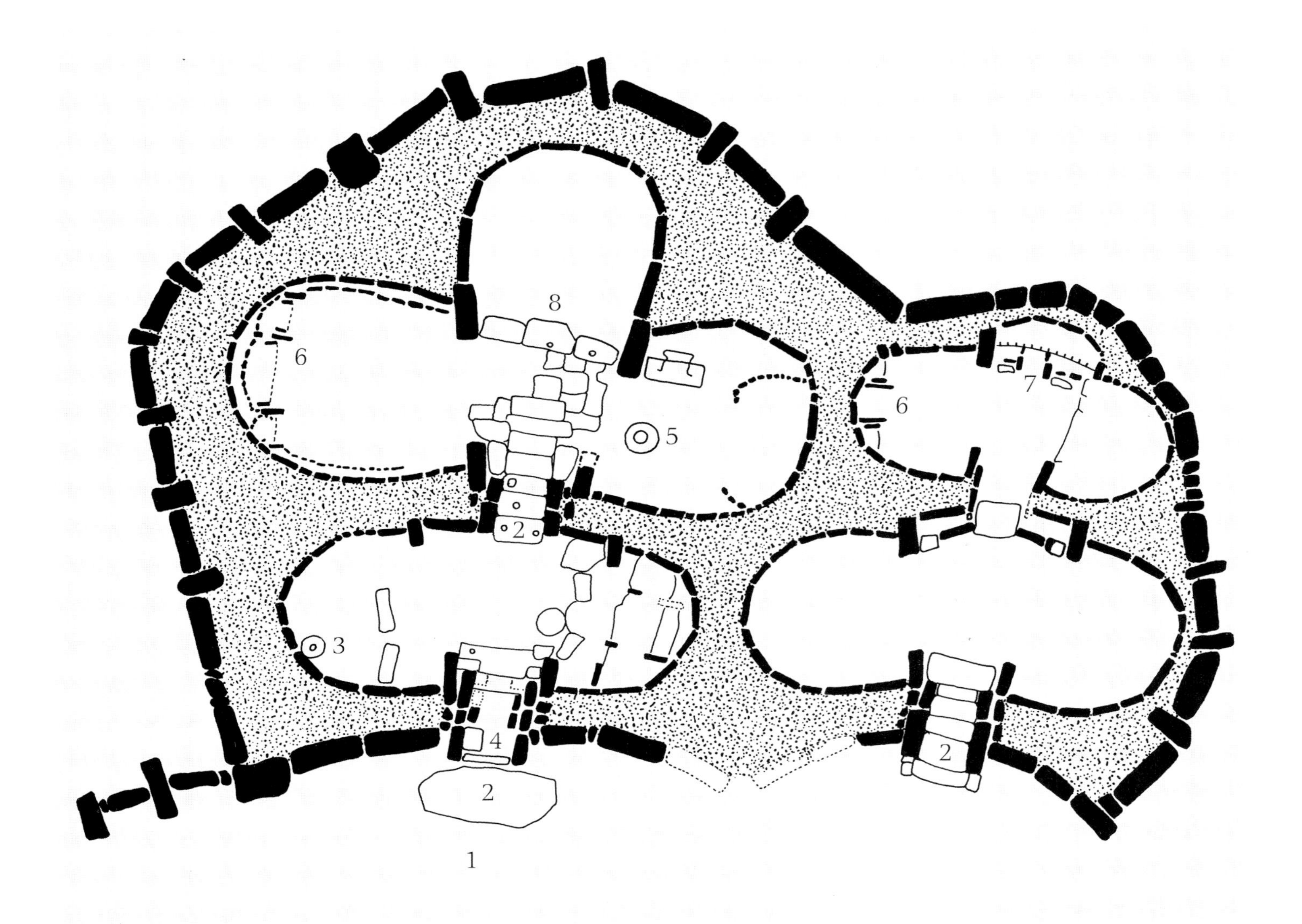

Die Ġgantija-Tempel
(3600–3200 v. Chr.)

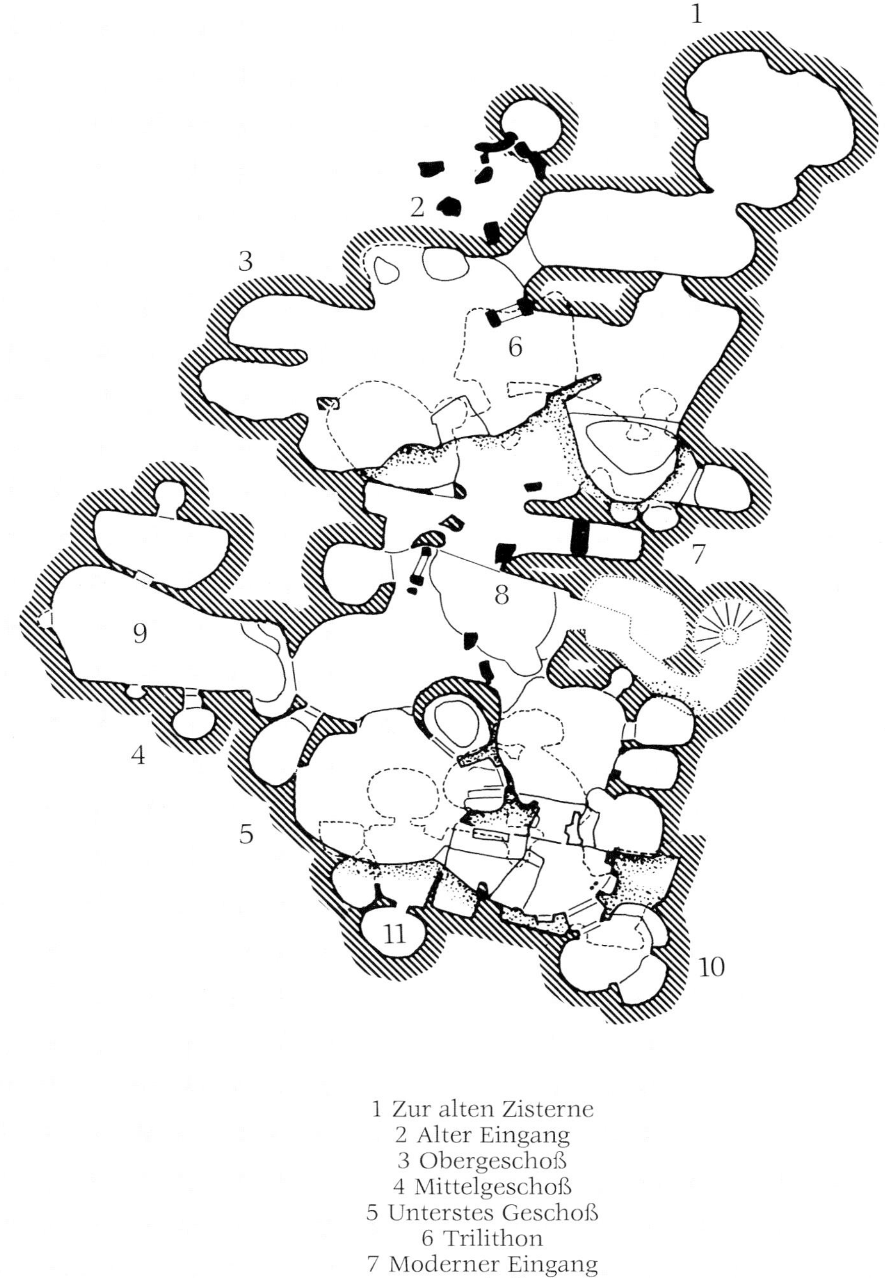

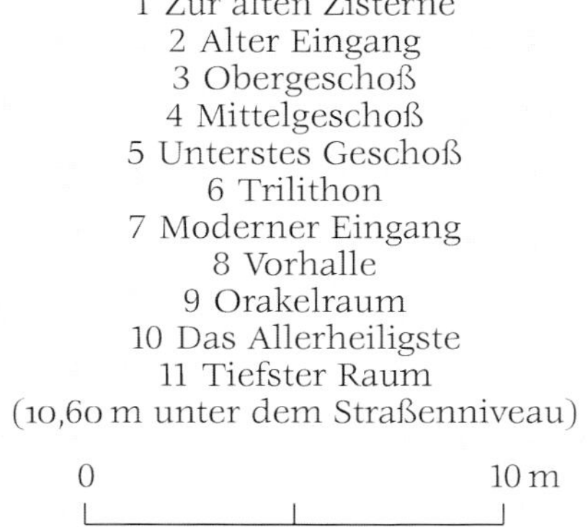

Das Hypogäum von Hal Saflieni
(3200–3000 v. Chr.)

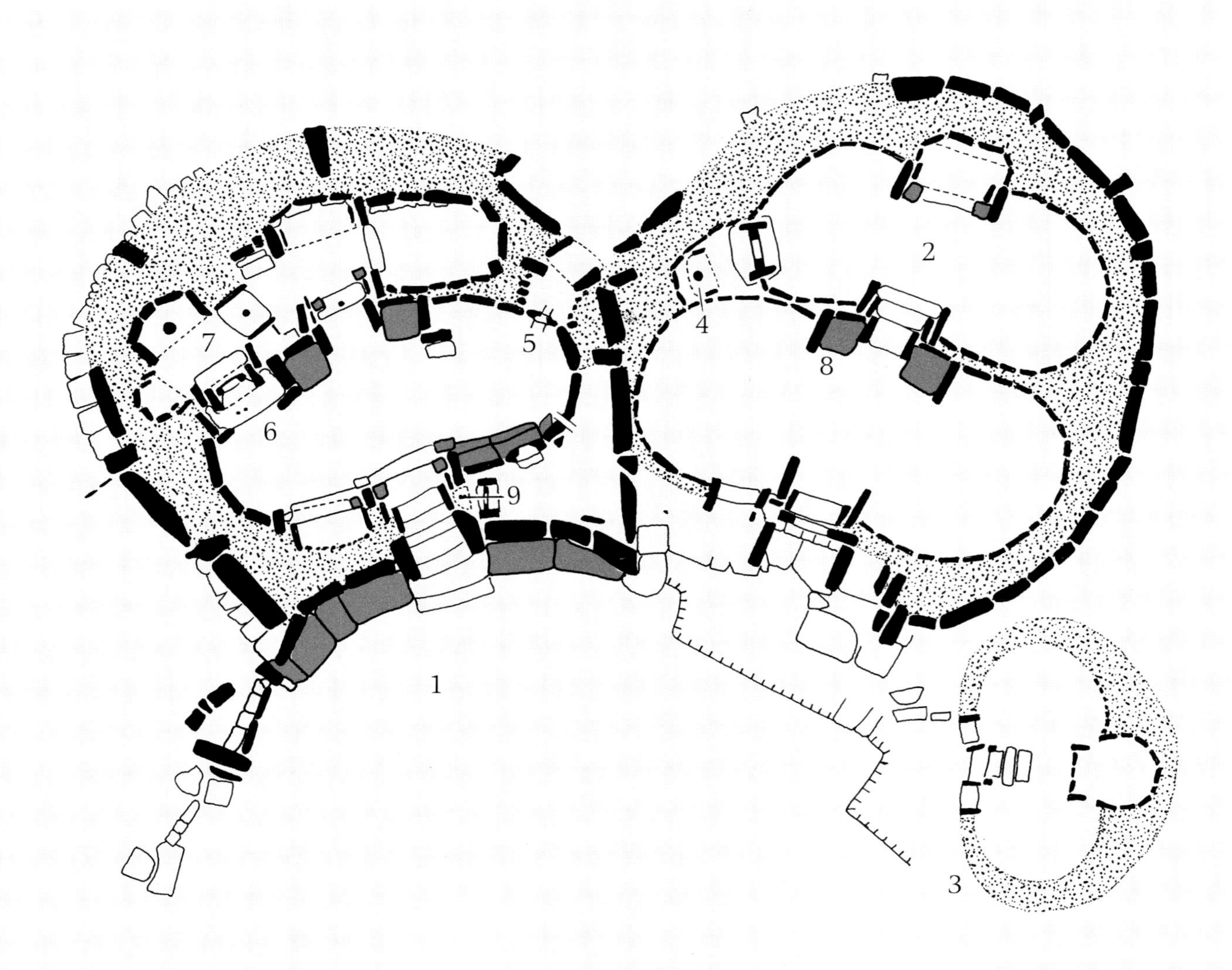

liegende Steine
aufrecht stehende Steine

1 Unterer Tempel
2 Mitteltempel
3 Kleiner Tempel
4 Säulenaltar
5 Orakel
6 Dekorierter Zugang
7 Säulenaltäre
8 Relief einer Tempelfassade
9 Säulenaltar

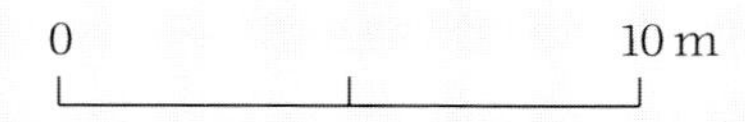

Die Mnajdra-Tempel
(3200–2500 v. Chr.)

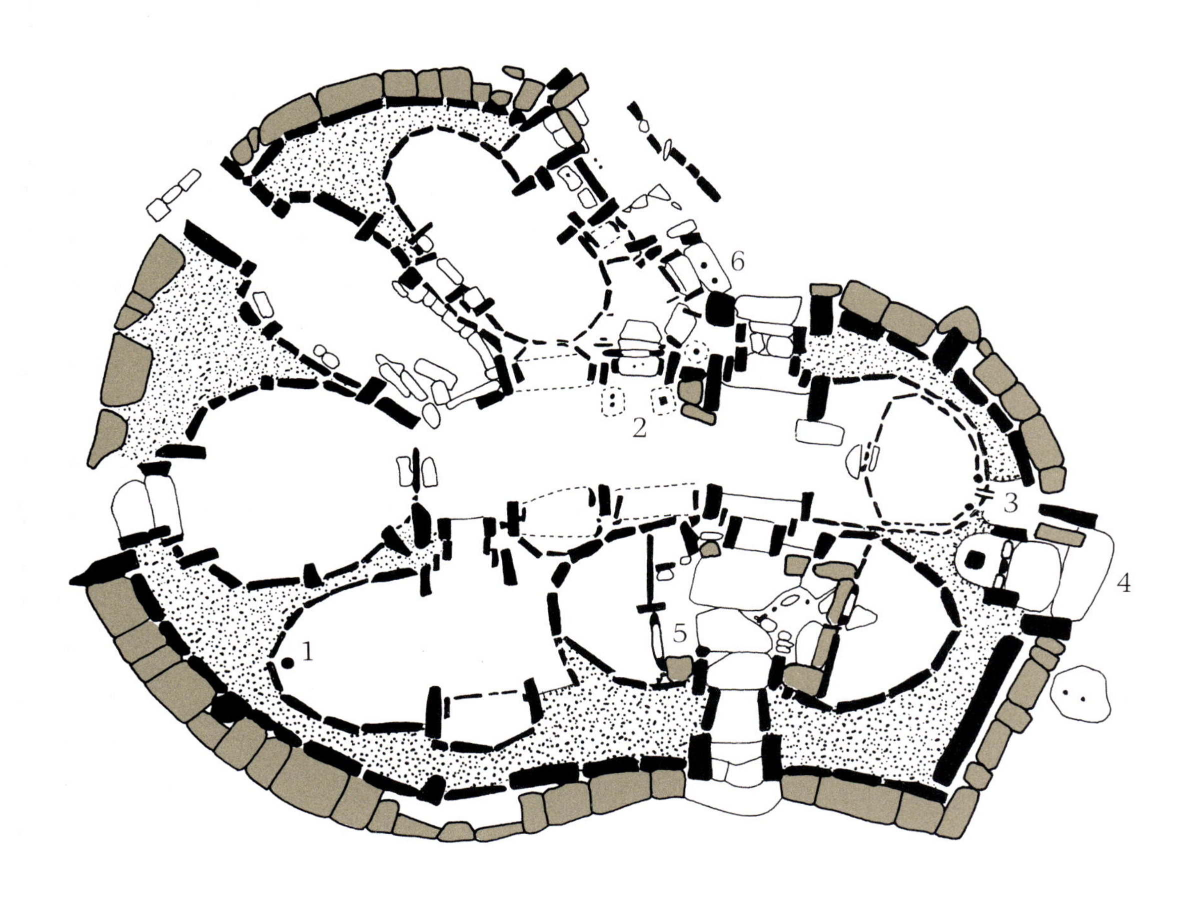

liegende Steine
aufrecht stehende Steine

1 Kultstein
2 Pilzförmige Altäre
3 Orakel
4 Außenschrein
5 Türlochplatte
6 Trankopfer-Loch

0 10 m

Hağar Qim
(3000–2500 v. Chr.)

2
1
8
5
7
6

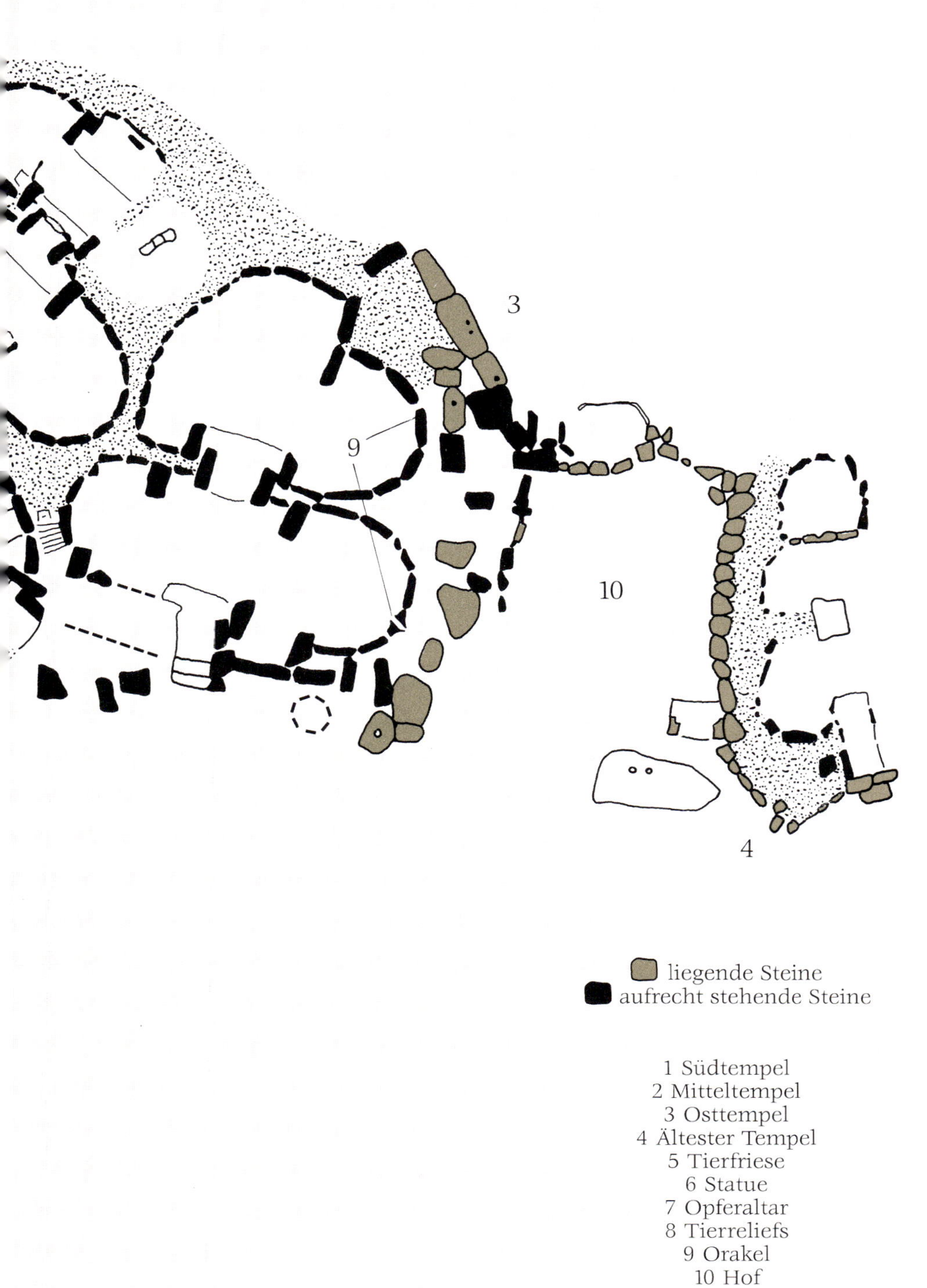

Die Tempelanlagen von Hal Tarxien
(3000–2500 v. Ch.)

Dieses Buch wurde bei der Fotosatz Böhm GmbH in Köln
aus der 10 Punkt ITC Veljovic Buch gesetzt.
Die Reproduktion der Schwarzweiß-Abbildungen in Duplexmanier,
den Druck und Einband besorgte
die Universitätsdruckerei H. Stürtz AG in Würzburg.
Das holzfreie weiße, doppelt matt gestrichene Offsetpapier
mit leicht geglätteter Oberfläche
lieferte die Feinpapiergroßhandlung Hartmann & Mittler in Augsburg.
Der Einband erfolgte in Regentleinen
der Gustav Ernstmeier GmbH & Co KG, Herford.

ISBN 3-7857-0505-0